U0461851

# 我国自贸区（港）主要政策与法律制度：理论与实践

## ——以临港新片区为例

徐峰　著

WUHAN UNIVERSITY PRESS
武汉大学出版社

**图书在版编目(CIP)数据**

我国自贸区(港)主要政策与法律制度:理论与实践:以临港新片区为例/徐峰著.—武汉: 武汉大学出版社,2024.3

ISBN 978-7-307-24109-1

Ⅰ.我…　Ⅱ.徐…　Ⅲ.自由贸易区—社会主义法治—建设—研究—上海　Ⅳ.D927.513

中国国家版本馆 CIP 数据核字(2023)第 211312 号

责任编辑:陈　帆　　责任校对:鄢春梅　　版式设计:马　佳

出版发行: **武汉大学出版社**　(430072　武昌　珞珈山)

(电子邮箱: cbs22@ whu.edu.cn　网址: www.wdp. com.cn)

印刷:武汉邮科印务有限公司

开本:720×1000　1/16　印张:10.75　字数:159 千字　插页:1

版次:2024 年 3 月第 1 版　　2024 年 3 月第 1 次印刷

ISBN 978-7-307-24109-1　　定价:56.00 元

# 前　　言

作为推动投资贸易自由化便利化的重要改革试验田与开放窗口，自贸区(港)是我国在境内关外设立的多功能经济区。自2013年党中央、国务院在上海设立自贸区以来，截至2023年，我国分六批先后成立了21个自由贸易区(港)，包括上海、广东、福建、天津、浙江、湖北、重庆、四川、河南、陕西、辽宁、海南、江苏、山东、河北、黑龙江、云南、广西、湖南、安徽与北京自由贸易试验区(港)。每个自贸区(港)的发展思路与制度设计不仅有共性部分，也有个性部分。共性部分在于相关制度创新的总体目标均试图突破与尝试变通现行法律框架与政策限制，旨在创设一流的国际化与法治化营商环境；个性部分在于相关具体实践均围绕各地的产业特色与业态基础开展先行先试，旨在打造开放型经济高质量新发展的标杆。那么，如何在坚持自贸区(港)共性的同时突出个性，以避免各地自贸区(港)重复建设与相互竞争，进而实现各地自贸区(港)的差异化发展，就成了政府部门接下来需要解决的当务之急。当前，一个成熟而有效的思路与设想是：进一步扩大原有自贸区的空间，对接国际最高标准与最好水平，在更深层次、更宽领域、更大力度推进全方位高水平开放；在总结现有自贸区(港)主要政策与法律制度的基础上"更上一层楼"，提出法治保障的新举措；不仅重视顶层设计的理论研究，还加强具体制度的落地实践。这也就是本书的书名《我国自贸区(港)主要政策与法律制度：理论与实践》的由来。其中，上海自贸区临港新片区法治建设历程无疑最具有代表性与典型性。

中国(上海)自由贸易试验区临港新片区的设立是以习近平同志为核心

的党中央总揽全局、科学决策作出的进一步扩大开放的重大战略部署，在更深层次、更宽领域、更大力度推进全方位高水平开放的总体要求和发展目标的指引下，旨在构建投资贸易自由化便利化制度体系，建成具有较强国际市场影响力和竞争力的特殊经济功能区，打造全球高端资源要素配置的核心功能，成为我国深度融入经济全球化的重要载体。而法治就是实现上述总体要求与发展目标的必经之路与重要保障。正如2019年时任上海市常务副市长陈寅所言，“增设新片区不是简单的原有自贸试验区扩区，也不是简单的现有政策平移，是全方位、深层次、根本性的制度创新变革”。

2019年，国务院发布的《中国(上海)自由贸易试验区新片区总体方案》(以下简称《总体方案》)为新片区可持续发展与高质量建设提供了明确指引，其中涉及“投资自由、贸易自由、资金自由、运输自由、人员从业自由与信息便捷联通”(以下简称“五自由一便利”)以及“加大赋权力度”的相关要求。围绕上述具体目标与分解任务，上海自贸区临港新片区陆续出台了多项试点政策，形成60多个创新案例，取得了初步成效。2021年8月，市委领导在市政府新闻发布会上介绍了临港新片区成立两年以来制度创新总体情况，指出《总体方案》分解出的任务90%已完成。同月颁布了《关于支持中国(上海)自由贸易试验区临港新片区自主发展自主改革自主创新的若干意见》(以下简称《若干意见》)，其在实体性制度改革与程序性规则创设等方面提出了法治保障的新要求。

为充分掌握《总体方案》的实施情况，比较其与预期目标之间的差距，分析当前临港新片区在推动与促进“五自由一便利”与事权改革的制度探索与规则创新领域存在的不足与瓶颈，笔者赴上海洋山港海事局与新片区管委会制度处等政府部门开展调研；同时运用规范分析与实证分析相结合、系统分析与个案研究相结合的研究方法，深入分析《总体方案》的实施成效与存在的问题；在落实《若干意见》要求的同时，提出若干新片区法治保障新举措，进一步破解目前尚未解决的《总体方案》的10%的分解任务。

首先，围绕自贸区新片区主要政策与法律制度的时代背景与现实意义、实施范围与调整事项、规制路径与法律渊源、应解决的主要问题与矛盾(包括可复制性与不可复制性的关系、原则性与实践性的关系、创新性与风险性的关系、中央事权与地方事权的关系)等诸多理论问题与现实意义作出了全面梳理与系统分析；然后，遵循新片区《总体方案》的表述，分别围绕实体性制度改革所涉及的领域，即投资自由、贸易自由、资金自由、运输自由、人员从业自由与信息便捷联通六个方面开展分析与研究，将预期目标与实施情况进行细致比较，总结新片区改革的现实情况与存在的主要问题；最后，提出相应的法治保障新举措。同时，从程序性规则创新的视角，即事权划分的角度，对当前自贸区新片区推进法治建设进程中央地事权的关系及其存在的问题作出梳理与总结，在立法程序完善与体制机制改革等方面提出相应的对策建议。

本书是笔者主持的上海市人民政府决策咨询研究政府法治专项《中国(上海)自由贸易试验区临港新片区法治保障新举措研究》(2021-Z-B04)的研究成果，该项目由上海市司法局行政法治研究所提供资助，研究报告于2022年完稿并提交至上海市行政法治研究所，结项等级被评定为“优秀”。时至今日，该研究报告的主要内容依然具有较大的现实意义与参照价值。

一方面，考虑到新片区的开放是一项系统工程，具有长期性、艰巨性与复杂性等特征，任何一项制度的改革都可能“牵一发而动全身”，“零敲碎打”式的制度改革与创新无助于营造国际一流的法治化营商环境；未来新片区法治保障新举措的重点在于与国际主流规则接轨，在原有自贸区制度改革的基础上更进一步，“以点带面”实现制度集成创新与全面突破。通过对新片区发展预期目标与实施情况进行比较，不难发现，《总体方案》强调的“五自由一便利”等制度性开放举措在实施层面存在的瓶颈问题依然在不同程度上影响新片区法治改革的实际进程；换言之，研究报告所提出的诸多问题依然尚未在制度层面予以关注，也未能在实践层面加以解决，因此，本书所提供的相关对策建议有助于为政府机构与实务部门提供决策参考，进而为上海乃至全国自贸区的发展模式与改革路径提供必要的指引与思路。

另一方面，目前学术界对自贸区(港)法治保障的研究大多局限于原有的自贸区制度创新与政策支持，围绕自贸区临港新片区的理论研究基本处于缺失状态；从国家战略的高度，新片区的定位与自贸区天然就存在较大差异，前者更强调打造“更具国际市场影响力和竞争力的特殊经济功能区”，定位更高更明确。自成立以来，新片区地区生产总值年均增长率超过20%，相继诞生特斯拉超级工厂、上海大飞机航空产业园园区为代表的集成电路、人工智能、生物医药、新能源汽车等先导产业、新兴产业与支柱产业。从法治保障层面，也不应照搬适用原有自贸区政策法规，其更加强调制度创新与政策试点的首创性、不可复制性与差异化，这也正是原研究报告中“新举措”的核心要义与主要内涵，因此，本书的出版旨在为学术界研究临港新片区主要政策与法律制度提供全新的研究视野、研究范式与研究基础。

# 目　　录

# 第一章

# 上海自贸区临港新片区主要政策与法律制度的研究意义、实施范围、规制路径与主要问题

# 第一节　时代背景与现实意义

## 一、时代背景

2018年，习近平总书记在中国首届进博会上提出建立临港新片区的战略设想。2019年，时任国务院总理李克强指出，“让这片寸土寸金之地飞出新的金凤凰，推动高质量发展”。2019年8月，国务院发布了《总体方案》，其中提及“国家有关部门和上海市要按照总体方案的要求，加强法治建设和风险防控，切实维护国家安全和社会安全，扎实推进各项改革试点任务落地见效”。2020年，时任上海市委书记李强在视察临港新片区之时强调了其对建设上海国际航运中心的重大意义。2021年，上海市政府常务会议研究临港新片区发展，发布《中国(上海)自由贸易试验区临港新片区发展“十四五”规划》(以下简称《新片区“十四五”规划》)，其中特别提出“完善制度创新的法治保障。推动制定临港新片区条例和洋山特殊综合保税区管理办法，储备实施一批调法调规事项”。因此，上海自贸区新片区的功能构建与法治保障措施之间相辅相成、相互支撑、相互依存；换言之，落实自贸区新片区规划理念与发展目标最终还是应当在法治思维的指导下推进依法治理，针对各项实施方案与分解目标，通过立法与修法等方式予以落实。

当前，国际知名自贸区主流建设模式大多是“先立法，后设立”，即在已探索形成了较为完善的法律法规之后，再设立自贸实验园区，此种做法已经成为国际惯例与行业通识并被各国政府广为接受。与之形成对比的是，我国设立自贸区以及新片区的过程恰好相反，“摸着石头过河”，采取了“先设立，后立法”的规制路径与立法思路，在初步发布了《总体方案》之后即成立了自贸区(港)以及新片区，再经过一个阶段的探索实践之后，陆续颁布相关的法律规范。毋庸置疑的是，此种规制路径与立法思路一方面有利于最大限度地发挥自贸区先行先试的功能与先行示范的作用；另一方面也有助于在充分总结前期自贸区相关政策实施以来经验教训的基础之上，将相关制度固化为法律。上海自贸区以及海南自由贸易港的设立与法治保障路径遵循了上述的规律，上海临港新片区法治保障新举措的提出也将是如此。《总体方案》在经过了两年多的运行与实施之后，自贸区新片区深化改革实践已经取得了初步的成效。根据 2021 年 8 月市委市政府领导在市政府新闻发布会上的发言，“截至目前，《总体方案》分解出的任务已完成 90%。国家、市、管委会累计出台各类政策 190 余个，形成典型创新案例 60 多个，全面系统集成改革创新的成效逐步显现”。在此种时代背景下，上海自贸区新片区的立法探索以及相关法治保障新举措的提出也迫在眉睫。

## 二、现实意义

笔者认为，相比自贸区原先的立法实践，自贸区新片区的法治保障新举措的提出不能仅仅局限于复制与照搬原有自贸区制度与政策，而应更注重制度设计的创新性与突破性。具体而言，既强调“先行先试”，也重视“后发制人”。

前者主要体现为应在充分总结与梳理先前自贸区建设经验的前提之下，突出强调新片区建设先行性的功能与试验性的性质，充分落实《总体方案》中“选择国家战略需要、国际市场需求大、对开放度要求高但其他地区尚不具备实施条件的重点领域，实施具有较强国际市场竞争力的开放政策和制度”；这就需要新片区管委会、政府主管部门以及上海人大充分利用与发挥新片区先行权、创造权、优先试验权以及立法主动权，在立法时机尚未成熟之际，先行制定相关政策法规；待未来时机成熟之后，在全国人大的授权之下开展立法与修法工作，例如，修改《中国(上海)自贸试验区新片区条例》(以下简称《新片区条例》)等。

而后者主要表现为应突破前期自贸区建设所产生的思维局限与立法实践所面临的瓶颈问题，突出强调新片区建设突破性的属性与补充性的特征，充分贯彻《总体方案》对于新片区的定位与要求，“参照经济特区管理，国家有关部门和上海市要按照《总体方案》的要求，加强法治建设和风险防控，切实维护国家安全和社会安全，扎实推进各项改革试点任务落地见效”；这就需要上海人大针对新片区的现实需要，积极争取国家授权，理顺中央与地方在自贸区新片区范围内的立法事权关系，尝试在新片区范围内率先颁布与实施“先行先试类”与“创新变通类”法律法规，以全面履行《总体方案》中“参照经济特区管理”的标准与“对标国际最高标准与最好水平”的要求。

## 第二节　实施范围与规制路径

### 一、实施范围与调整事项

根据《总体方案》的要求，国家有关部门和上海市将力争“实现新片区与境外投资经营便利、货物自由进出、资金流动便利、运输高度开放、人员自由执业、信息快捷联通。建立以投资贸易自由化为核心的制度体系。在适用自由贸易试验区各项开放创新措施的基础上，支持新片区以投资自由、贸易自由、资金自由、运输自由、人员从业自由等为重点，推进投资贸易自由化便利化”。同时应“加大赋权力度，赋予新片区更大的自主发展、自主改革和自主创新管理权限，在风险可控的前提下授权新片区管理机构自主开展贴近市场的创新业务。新片区的各项改革开放举措，凡涉及调整现行法律或行政法规的，按法定程序经全国人大或国务院统一授权后实施”。

2019 年 8 月，时任上海市委书记李强特别指出构建新片区高水平制度开放体系的关键是“把‘6+2’的开放政策和制度落实好。‘6’就是投资经营便利、货物自由进出、资金流动便利、运输高度开放、人员自由执业、信息快捷联通，‘2’就是具有国际竞争力的税收制度和全面风险管理制度”。2021 年 8 月，市委领导在市政府新闻发布会上介绍了临港新片区成立两年以来制度创新总体情况，当前上海自贸区新片区基本形成以“五自由一便利”为核心的制度型开放体系框架，打造服务新发展格局的开放新高地；并分别围绕投资自由、贸易自由、资金自由、运输自由、人员从业自由与信息快捷联通等六个方面概述了当前自贸区新片区在相关领域构建开放型制度与创新性规则的具体措施以及当前取得的实际进展。同时，提出充分发挥自主发展、自主改革和自主创新管理权限，着力营造市场化、法治化、国际化的营商环境；并围绕集中行使市、区两级行政事权以及全面推进行政审批领域集成改革两个方面分别概述了上海自贸区新片区在“简政放权”与管理权限下放领域所取得的阶段性创新成果。2021 年 8 月，《关于支持中国(上海)自由贸易试验区临港新片区自主发展自主改革创新的若干意见》(以下简称《若干意见》)在上述既已形成的制度型开放体系框架的基础之上发布，其中包括“有针对性地开展体制机制创新，提升区域管理效能；构建开放型产业体系，提高经济规模和质量”等。

因此，作为自贸区新片区可持续、高标准建设与高质量发展的重要保证，相应法治保障新举措的实施将主要集中在实体性制度改革与程序性规则创设两个领域。其中，实体性制度改革的实施范围主要包含“五自由一便利”，而程序性规则创新的实施范围则包含“简政放权”与事权划分等相关领域。如果说《总体方案》属于自贸区新片区政策支持的 1.0 版本，那么《若干意见》则被认为是自贸区新片区特殊政策扶持的 2.0 版本，属于《总体方案》的拓展与延伸。《若干意见》在继续推进与深化落实当前既已解决的《总体方案》90%分解任务的同时，进一步破解目前尚未解决的《总体方案》10%分解任务。

而问题关键与核心要义在于围绕上述《新片区“十四五”规划》《若干意见》的实施范围，运用立法、修法与释法等多种法治保障路径以及法制化手段：一方面，将既有的制度规范、政策性与规范性文件予以固化与落实，对先前自贸区以及自贸区新片区的制度实践与成功经验予以承认；另一方面，借鉴国内外自贸区(港)建设经验，充分落实习近平总书记关于“对标国际最高标准与最好水平，打造国际一流营商环境”的重要指示，加强法治化尝试与制度性创新，勇于涉足改革“无人区”，突破改革“深水区”以及发展“瓶颈期”。前者被认定为是从法治保障“规制路径”上实现的创新，后者被认定为是从法治保障“实施范围”与“规制路径”上实现的“双重创新”。因此，自贸区新片区法治保障的重点与核心不仅在于实施范围的明确与调整，还在于规则路径的创设与构建。这里所指的“规制路径”是指实现自贸区新片区法治保障的现实选择与调整方式，即表现形式。换言之，是指自贸区新片区法律渊源的种类、载体与形式究竟应当包含哪些?

## 二、规制路径与法律渊源

从法理学的角度进行划分，涉及自贸区(港)临港新片区的法律渊源主要分为法律、行政法规、部门规章、地方性法规与政府规章。但问题在于，除此以外，各级人大、政府、政府主管部门以及自贸区与新片区管委会还出台了大量与自贸区(港)行业发展与制度改革相关的法律性质不明的规范性文件，以“总体方案”“××通知”“××批复”“××决定”“××意见”等表述与形态出现。虽然上述规范性文件就自贸区(港)内的管理体制、国际贸易、金融财税、投资准入与人员流动等事项作出了详细的规定，但并未明确上述制度在中央与地方法律体系中的定位与功能；换言之，自贸区新片区法治保障存在规制路径不明与规制效力不足的问题。是否有必要将相关的规范性文件直接认定为法律法规、部门规章、地方性法规与政府规章中的某一具体类型？如果有必要，应当归类于哪一种？区分的标准又是什么？例如，有学者就提出，“《总体方案》是由商务部与地方政府联合拟制，具体内容由双方结合实际协商确定，之后报由国务院核准印发，从法规制定主体视角分析《总体方案》，应当属于部门规章或地方性政府规章……但《总体方案》的制定主体与颁布主体是彼此分离的，归属于不同立法机构。如果是以法规颁布者作为该法法律位阶评判标准，《总体方案》又可定性为行政法规……在尚无明文规定情况下，两种观点各有道理，暂时还无法下最终结论确定《总体方案》法律位阶”。① 又例如，对于上海自贸区负面清单的法律性质，有学者认为，其属于政府规章，由于在公布《负面清单》时并未制定上海自贸区管理条例这一基本管理法律法规，故而《负面清单》便成为上海自贸区总体方案中一项独立的政府规章。有学者认为，“试验区负面清单作为由上海市人民政府发布的规章性规范性文件，不符合我国法的形式标准，也不属于授权立法，不具有完全独立的法律地位，不是司法裁判的依据”。② 也有学者认为，“受到自贸区央地事权不明晰的影响，涉自贸区法律规范在整个法律体系中定位不明……中央层面也并未就自贸区改革及其相应立法的地位和功能作出明确规定”。③

笔者认为，如果一律将上述规范性文件纳入为行业规范、政府决策与倡导性规范的范畴，显然不利于加强制度本身的权威性与统一性，提升制度在自贸区(港)范围之内的可实施性与可操作性。因此，将相关的规范性文件直接认定为或等同于法律法规、部门规章、地方性法规与政府规章中的一种或几种，具有较大可行性与重大现实意义。具体而言，应当以法规颁布主体而非制定主体作为自贸区(港)规范性文件法律位阶的判断标准，将上述规范性文件与颁布主体颁布的法律规范归为同一类。

其中涉及国内自贸区(港)的法律主要有《海南自由贸易港法》《全国人民代表大会常务委员会关于授权国务院在自由贸易试验区暂时调整适用有关法律规定的决定》等；相关的行政法规、国务院规范性文件及其他文件主要有《国务院关于推广中国(上海)自由贸易试验区可复制改革试点经验的通知》《国务院关于印发中国(上海)自由贸易试验区总体方案的通知》《国务院关于在中国(上海)自由贸易试验区内暂时调整有关行政法规和国务院文件规定的行政审批或者准入特别管理措施的决定》《国务院关于在中

① 李猛. 中国自贸区国家立法问题研究[J]. 理论月刊，2017，No. 421(01)：89.

② 李晶. 中国(上海)自贸区负面清单的法律性质及其制度完善[J]. 江西社会科学，2015，V. 35，No. 338(01)：154.

③ 叶洋恋. 央地关系视域下的中国自贸区制度法治化建设：困境、障碍和完善进路[J]. 河北法学，2021，V. 39，No. 330(04)：119.

国（上海）自由贸易试验区内暂时调整实施有关行政法规和经国务院批准的部门规章规定的准入特别管理措施的决定》《国务院关于同意设立中国（上海）自由贸易试验区临港新片区的批复》《总体方案》《自由贸易试验区外商投资准入特别管理措施（负面清单）（2020年版）》（以下简称《自贸区投资准入负面清单》）等；相关的部门规章、部门规范性文件及其他文件主要有《交通运输部关于在国家自由贸易试验区试点若干海运政策的公告》《中国人民银行、商务部、银监会等关于印发〈进一步推进中国（上海）自由贸易试验区金融开放创新试点加快上海国际金融中心建设方案〉的通知》《工业和信息化部、上海市人民政府关于中国（上海）自由贸易试验区进一步对外开放增值电信业务的意见》等；地方性法规、政府规章与规范性文件主要有《中国（上海）自由贸易试验区条例》（以下简称《自贸区条例》）、《中国（上海）自由贸易试验区跨境服务贸易特别管理措施（负面清单）》（以下简称《自贸区服务贸易负面清单》）、《中国（上海）自由贸易试验区临港新片区管理办法》《中共上海市委、上海市人民政府关于促进中国（上海）自由贸易试验区临港新片区高质量发展实施特殊支持政策的若干意见》（以下简称《特殊支持政策的若干意见》）、《中国（上海）自由贸易试验区临港新片区支持金融业创新发展的若干措施》《上海市人民政府关于中国（上海）自由贸易试验区管理委员会集中行使本市有关行政审批权和行政处罚权的决定》《中国（上海）自由贸易试验区管理委员会关于印发〈中国（上海）自由贸易试验区专项发展资金使用管理实施细则（试行）〉的通知》等。

除了上述明确以自贸区与新片区作为调整对象的法律规范之外，还有一些地方性法规、政府规章与规范性文件并未将调整或者实施的范围限定为自贸区新片区，其覆盖的区域与使用的范围比自贸区新片区更广，例如浦东新区。2021年6月，全国人大常委会审议通过了《关于授权上海市人民代表大会及其常务委员会制定浦东新区法规的决定》，之后上海市人大常委会颁布了《关于加强浦东新区高水平改革开放法治保障制定浦东新区法规的决定》，明确了浦东新区法规的权限与适用范围。从地理位置上分析，临港新片区属于浦东新区的一部分（尽管新片区还包括奉贤区大约三分之二的区域，但目前先行启动南汇新城、临港装备产业区、小洋山岛和浦东机场南侧等区域)，浦东新区法规似乎完全能够涵盖自贸区新片区区域内涉及投资、贸易、金融与航运领域等相关事项；但是从法律效力的视角，上海人大颁布的与浦东新区相关的法律法规能否适用于新片区依然存在一定的争议。因为浦东新区法规虽然属于地方性法规范畴，但其赋予了上海人大较大的自主改革权、自主创新权与自主立法权，浦东新区法规可以对法律、行政法规、部门规章作出变通规定，而自贸区新片区相关发展路径与制度设计可能涉及中央立法事权的范畴，贸然将浦东新区法规适用于自贸区新片区，可能会产生中央事权与地方事权之间的冲突。

笔者认为，应当将浦东新区法规的制定与颁布作为梳理上海自贸区新片区中央立法事权与地方立法事权关系的重要契机。充分发挥浦东新区创新改革与先行先试的政策优势，抓住浦东新区高水平改革开放、打造社会主义现代化建设引领区的时代机遇，创建与大胆试、大胆闯、自主改相适应的自贸区新片区法治保障体系。建议上海人大在广泛征询社会公众与行业部门意见的基础之上，适时考虑将自贸区新片区现有的政策法规与制度规范转化与上升为浦东新区法规，持续推进自贸区高水平制度型开放。

具体而言，在立法路径层面，上海人大可以根据新片区法治创新改革的需要，开立正反两份立法项目清单，分别从促进措施与限制手段两方面出发：一份是“在自贸区新片区先行先试并提供法治保障的立法项目清单”(先行先试类立法清单)，另一份是“对不适应自贸区新片区改革创新实践需要的法律、行政法规、部门规章等进行变通实施的立法项目清单”(创新变通类立法清单)。在立法内容层面，前期围绕与聚焦投资、贸易等部分领域，对涉及自贸区新片区的相关法律、行政法规与部门规章进行变通与调整，同时施行相应的政策激励与法治保障举措。待时机成熟之后，将试点领域逐步扩大到金融、航运与人才引进等领域，充分落实《若干意见》支持临港新片区自主发展、自主改革、自主创新的重要精神与政策措施。以浦东新区法规作为规制路径与法律渊源，赋予自贸区新片区在特定事权范围之内一定的自主立法权与改革权，以实现新片区“五自由一便利”的战略目标与发展需要。

## 第三节　应解决的主要问题与矛盾

如上文所述，上海自贸区临港新片区自成立以来发布了大量支持自贸区新片区发展的政策文件，初步形成了精准有效的制度体系，新片区“先设立，后立法”的司法实践虽然有利于充分发挥新片区先行先试、先行示范的政策引领性与制度创新性作用，但在制度实施过程中，此种“摸着石头过河”的探索实践与立法尝试也逐步暴露出一些弊端与问题，经总结，主要存在以下几个方面的问题：(1) 与国内相关省市自贸区政策区分度、辨识度不高；(2) 政策原则性较强，但缺少具体条款引导企业实操联动；(3) 尚未与国际知名自贸区(港)法律制度全面接轨；(4) 中央事权与地方事权冲突导致新片区对于市场发展动态的反应速度与响应机制相对滞后。

笔者认为，上述问题存在的本质与产生的根源在于自贸区新片区立法涉及多项法律制度之间的协调，多个主管部门之间的协作以及多个立法主体之间对接，分别涉及制度的不可复制性与可复制性、原则性与实践性、创新性与风险性、中央事权与地方事权这几组法律关系的梳理。在协调、协作以及对接过程中不可避免地会产生一些矛盾与冲突，需要在立法过程中予以关注并加以解决。从某种意义上讲，聚焦自贸区新片区法治保障新举措应解决的重要问题与主要矛盾不仅构成了新片区主要政策与法律制度的理论基础与现实需求，也是其主要目标与发展方向。

### 一、可复制性与不可复制性的关系：提高新片区法治保障新举措的区分度与辨识度

与国内部分自贸区，尤其是长三角区域的其他自贸区相比，上海自贸区新片区政策同质化程度相对较高，缺乏制度差异性与政策引领性，可能导致自贸区与新片区之间定位重叠与功能重复，进而引发无谓内耗与无序

竞争。换言之，自贸区之间利益共享机制尚未形成。

值得注意的是，自贸区新片区的定位与自贸区不同，上海自贸区总体方案强调，“成为推进改革和提高开放型经济水平的‘试验田’，形成可复制、可推广的经验，发挥示范带动、服务全国的积极作用，促进各地区共同发展”。但在新片区《总体方案》中并未出现类似的表述与措辞，而是指出应结合上海建设国际化自由贸易园区的产业特色，“选择国家战略需要、国际市场需求大、对开放度要求高但其他地区尚不具备实施条件的重点领域，实施具有较强国际市场竞争力的开放政策和制度”。与之类似的是，《海南自由贸易港法》也特别强调，“海南自由贸易港建设，应当体现中国特色，借鉴国际经验，围绕海南战略定位，发挥海南优势，推进改革创新”。

因此，自贸区新片区法治保障新举措不仅要关注制度创新的可复制性，更要强调其不可复制性，其重点与核心在于提高新片区法治保障的区分度与辨识度，体现新片区政策法规与制度规范的差异化竞争优势。如果一味追求新片区制度的可复制性与可推广性，不顾当地的业态基础与产业格局，强制实施政策法规的复制与推广，反而有可能会在一定程度上削弱新片区的市场竞争力与政策吸引力，有违新片区《总体方案》的立法主旨与发展目标。在具体制度的发布与实施层面，新片区法治保障措施应当兼具“共性+个性”的特征。从共性的角度出发，新片区的制度设计与立法实践应当在借鉴与总结原有自贸区制度的基础之上作出升级与完善，政策实施性与制度开放程度相比自贸区应更高；从个性的角度出发，相关法治保障新举措的提出应充分考虑地方产业特色与基本特征，即特别关注上海在投资、贸易、金融、航运等领域的业态基础与发展现状，其调整范围与规制路径也应因地制宜，从而区别于原有自贸区的法治保障措施。

### 二、原则性与实践性的关系：完善新片区法治保障新举措的具体内涵

如上文所述，上海自贸区与新片区已经初步形成了政策文件与制度体

系，就总体而言，政策法规的原则性较强，但缺乏具体条款引导企业实操联动，政策探索力度不够，缺乏综合配套机制的跟进。综合配套制度的缺失与不足极大制约与影响了此类政策的实施效果，这一点在投资、贸易、金融、航运等领域均有所体现。虽然市政府新闻发布会在介绍临港新片区成立两年以来制度创新总体情况之时指出，截至 2021 年 8 月，《总体方案》分解出的任务已经完成 90%，但是需要注意的是，衡量新片区法治保障新举措完善与否不能简单依据数量与比例作出判断，还应视相关制度的重要性与可操作性而定。而未完成的 10%分解任务恰恰是制度改革阻力较大，或者政策法规有待落实与细化的“硬骨头”，亟须国家与地方主管部门以及新片区出台相应的重要法治保障新举措加以推进与保障。

在较为重要的金融、投资与贸易制度改革领域，上海自贸区新片区改革在进入深水区之后，面临重重困境。根本原因在于，在这些重要领域已经形成重要的利益集团，相关利益群体担心自贸区与新片区新举措的出台可能会影响自身利益，对制度改革持消极与不作为的态度。此种现状严重制约了整个新片区的发展，令改革受阻，从而导致自贸区与新片区提出的多项顶层设计无法落地与实现。无论是对于上海自贸区总体方案中提出的“形成与上海国际经济、金融、贸易、航运中心建设的联动机制”，还是对于新片区《总体方案》提出的“形成以‘五自由一便利’为核心的制度性开放体系框架”，相关制度的落地性与可操作性依然有待加强。

在智能码头的建设上，上海自贸区新片区港口所采取的“桥吊(双小车)+AGV”的建设模式在国际上独树一帜，但前期成本较高，尚未探索形成盈利机制，政府也未实施相应的补贴。在绿色航运领域，LNG 船舶的普及、老龄船的淘汰与低硫油的使用同样急需政府财政支持。上海虽然针对港口岸电推广与海铁联运出台了相应的财政补贴机制，但是在适用范围、补贴范围、补贴标准等方面仍有待细化。除此以外，在税收减免、利率自由化与资本开放层面，上海自贸区与新片区曾提出探索金融服务业的全面开放，但受国家整体金融体制的制约，在资金自由流动与货币自由兑换方面迟迟未能实现突破，原先市场预期的有关重大货币政策方面的改革均未被列入自贸区《总体方案》与新片区《总体方案》。况且在已经实现的90%的分解任务之中，如何进一步深化改革目标，对标乃至赶超国际最高标准与最好水平也成了未来新片区法制改革所亟须突破的重要课题。

因此，未来新片区主要政策与法律制度的出台不仅需要加强制度的顶层设计，同时也应推动相应政策法规的落地，完善新片区法治保障新举措的具体内涵。

## 三、创新性与风险性的关系：实现与国际知名自贸区(港)法律制度的全面接轨

上海自贸区总体方案率先提出，自贸区应“率先建立符合国际化和法治化要求的跨境投资和贸易规则体系，使试验区成为我国进一步融入经济全球化的重要载体”，“着力培育国际化和法治化的营商环境，力争建设成为具有国际水准的投资贸易便利、货币兑换自由、监管高效便捷、法制环境规范的自由贸易试验区”。新片区《总体方案》也明确指出，新片区建设应“对标国际上公认的竞争力最强的自由贸易园区”，“作为对标国际公认、竞争力最强自由贸易园区的重要载体”实施高标准的贸易自由化。

分析自贸区《总体方案》与新片区《总体方案》相关措辞的表述，不难发现，新片区法律体系是自贸区制度未来的发展样态与发展目标，新片区的建成是自贸区建设的未来方向与最终目标，而自贸区政策法规的实施与经验的积累为将来新片区建设与形成提供了良好的制度前提与政策基础。从实施的阶段上看，新片区的建设绝对不是“一蹴而就”的，而是分阶段、分步骤通过整体推进、科学布局以及有序安排等措施逐步实现的。从实施效果上看，新片区政策开放性与包容度必将远超现行所有的自贸区，不是简单地对商品进出口贸易与转口贸易实施免税优惠，而是出台一系列综合配套措施深化制度的改革，通过之前自贸区政策探索的先行先试，为绝大多数商品、人口与资金的自由进出口特殊功能区的构建提供新制度保障。总体而言，新片区法治保障新举措的提出应当向全球开放水平最高、贸易投资自由化程度最高的国家与地区看齐，其参照的样本应当是我国香港、新

加坡、纽约、伦敦与迪拜等全球知名贸易与投资中心，而不仅仅是借鉴上海与广东等地实施的自贸区相关政策。

然而，与国际知名自贸区(港)相比，新片区营商环境优化不足，与境外自贸区差距明显。与我国香港特别行政区相比，上海自贸区新片区尚未实施完全开放与低税率政策，制约因素主要在于“负面清单”范围依然过宽，自贸区新片区税收优惠不明显。与新加坡相比，自贸区新片区在市场准入、转口贸易、金融创新等领域依然存在差距，瓶颈问题主要在于《新片区条例》还有完善的空间。除此以外，上海自贸区与新片区相关政策法规是在 WTO 框架下制定形成的，但在以 WTO 为核心的多边贸易体系日趋边缘化的今天，相关制度与 TTP、TTIP、RCEP、CPTPP 等国际经贸规则缺乏必要的衔接与协调，可能导致其缺乏国际市场竞争力。

当然，在主动接轨与对标国际最高标准、最好水平的同时，也应积极防范金融、贸易、投资领域可能会发生的潜在隐患与法律风险。自贸区《总体方案》中反复强调应在风险可控的前提下创造条件逐步推进开展先行先试的政策尝试，新片区《总体方案》更是明确应建立全面风险防控制度，“以风险防控为底线，以分类监管、协同监管、智能监管为基础，全面提升风险防范水平和安全监管水平”，并建立了三项重要原则，即“强化重点领域监管”“加强信用分级管理”“强化边界安全”。反映在法治层面上，应加强法治建设和风险防控，在风险可控的前提下授权新片区管理机构自主开展贴近市场的创新业务。

关于这一点在金融领域尤为突出，人民币离岸金融业务涉及资本项下的开放，是否允许双向流动？何时开放？以何种程度开放？当前的金融法律法规对此都缺乏相应的制度规范与政策保障。对此，自贸区《总体方案》明确指出，“在风险可控前提下，可在试验区内对人民币资本项目可兑换、金融市场利率市场化、人民币跨境使用等方面创造条件进行先行先试”；新片区《总体方案》强调，“在风险可控的前提下，按照法律法规规定，借鉴国际通行的金融监管规则，进一步简化优质企业跨境人民币业务办理流程，推动跨境金融服务便利化……经国家金融管理部门授权，运用科技手段提升金融服务水平和监管能力，建立统一高效的金融管理体制机制，切实防范金融风险”。因此，新片区的制度创新与风险防控应“双管齐下”，同步进行。换言之，制度创新是一把“双刃剑”，在大力推动新片区制度改革的同时，也应关注其背后存在的风险隐患，法治保障新举措的提出不能以突破底线为代价，也不应违背上位法的规定，应在符合当前国家金融、贸易、投资总体法律原则与制度规范的框架下开展制度创新。

## 四、中央事权与地方事权的关系：全面厘清央地事权之间的界限

从中央与地方事权关系的角度出发，由于自贸区重大规划与建设决策属于中央事权范围，自贸区新片区政策的先行先试需要对当前的政策作出一定的突破，这种政策性突破需要中央部委的明确支持。在得到中央批准与授权之后才能在相关领域的制度创新中迈开坚实的步伐。某种意义上，在自贸区新片区的制度设计与实施方面，中央事权与地方事权亟须进一步厘清与划分。央地事权关系不清有可能导致自贸区对于航运市场发展动态的反应速度与响应机制相对滞后，相关政策法规并未得到市场主体的完全认同。立足新片区管委会的视角，应从横向与纵向积极梳理其与各个政府职能部门之间的关系。在纵向层面，尚未搭建新片区管委会、市政府主管部门与国务院部委之间的双向沟通平台与协调机制；在横向层面，未能有效协调市政府主管部门之间的职能分工。除了央地涉自贸区法律事权不明晰之外，法律适用关系复杂以及自贸区法律规范的地位和性质不明的现状也严重影响了新片区法治保障的实施效果。

究其原因，新片区法治保障作为一项新时代推进改革开放的重要战略举措，在建立与实施过程中面临的障碍与困境不仅来自制度本身，也来自制度的规划设计、运行机制以及该制度所处的外部环境。从新片区制度设想被提出到该制度在新片区范围内正式发布，再到中央层面《总体方案》和地方层面自贸区条例、实施方案与实施细则的出台，新片区的法治化建设经历了一个从设想到论证、从实施到规范的过程。在此期间，新片区的法

治化建设也经历了一定的困境与障碍。

从内外部环境上作分析研判，理论上自贸区新片区法治保障的完善需要解决好两方面的关系。一方面是新片区法律制度与国家整体法律制度之间的关系，另一方面是该项法律制度与老片区法律制度之间的关系。平衡好这两方面的关系才能使得自贸区新片区法律规定具备逻辑自洽性，从而进一步实现制度内部架构与外部大环境之间有效协作与紧密合作。而现阶段两方面关系开展的基础依然受制于中央与地方法律事权的分配机制。从职能分工层面进行分析，新片区试点方案围绕金融、航运、投资、贸易、人员等多个要素支持投资自由、贸易自由、资金自由、运输自由、人员从业自由，推进投资贸易便利化，但是在实际运行过程中，在各自领域究竟应当由谁负责规划？谁负责落实？各自的权限范围有多大？各自的职能分工如何确定？上述事项不仅未能在新片区《总体方案》中明确，而且在包括《立法法》在内的相关法律法规之中也未能提供清晰的解读与回应。此种现状显然极大削弱了新片区试点方案与各项举措在各个领域的落地与实施的效果。反映在立法层面，上海市人大出台的各项地方性法规、上海市政府发布的各项政府规章以及新片区管委会实施的各项管理办法均是构筑于方案建立的框架范围内，但上述法律法规以及规范性文件是否存在越界之处，是否可能超出了地方或者本部门职权的范围，甚至是否可能与上位法存在冲突，都值得深刻反思与追问。

因此，自贸区新片区法治保障的新举措应当充分探讨与研究自贸区法治建设进程中在央地系统与事权分配机制领域所产生的负面效应，尤其是因事权分配不公所产生的新片区与老片区之间功能重合、制度可操作性较弱以及发展有限等一系列关键问题。这是提出完善中国自贸区新片区法治保障的前提与认识论的逻辑起点。据此，本书试图分析当前自贸区以及新片区法治保障进程中由于央地事权因素所产生的困境与障碍，在此基础之上提出一种促进新片区法治保障的思路与方法，以期对实践有所启发。

综上所述，本书的研究主旨是，在现有政策体系基础之上，研究强化与支持临港新片区的各项举措，提出进一步加大政策探索力度，通过体制机制创新深化行政审批制度与综合执法制度改革，从而赋予临港新片区更大的自主改革权、发展权乃至立法权，通过政策先行先试以期在全市甚至全国范围内充分发挥“特殊经济功能区”的引领示范效应。经分类，自贸区新片区法治保障的新举措应集中在金融、贸易、投资、航运等多个领域开展。

因此，笔者将遵循新片区《总体方案》的表述，分别围绕实体性制度改革所涉及的领域，即投资自由、贸易自由、资金自由、运输自由、人员从业自由与信息便捷联通六个方面开展分析与研究，将预期目标与实施情况进行细致比较，基于新片区改革的现实情况、主要政策与法律制度以及存在的主要问题，提出相应的法治保障新举措。同时，从程序性规则创新的视角，即事权划分的角度，对当前自贸区新片区推进法治建设进程中央地事权的关系及其存在的问题作出梳理与总结，在立法程序完善与体制机制改革等方面提出相应的对策与建议。

# 第二章

# 上海自贸区临港新片区“投资自由”主要政策与法律制度

## 第一节　预期目标与实施情况的比较

为推动与促进上海自贸区新片区范围内的投资自由，新片区《总体方案》明确提出，“应实施公平竞争的投资经营便利。借鉴国际上自由贸易园区的通行做法，实施外商投资安全审查制度，在电信、保险、证券、科研和技术服务、教育、卫生等重点领域加大对外开放力度，放宽注册资本、投资方式等限制，促进各类市场主体公平竞争。探索试行商事主体登记确认制，尊重市场主体民事权利，对申请人提交的文件实行形式审查。深入实施‘证照分离’改革。支持新片区加强国际商事纠纷审判组织建设。允许境外知名仲裁及争议解决机构经上海市人民政府司法行政部门登记并报国务院司法行政部门备案，在新片区内设立业务机构，就国际商事、海事、投资等领域发生的民商事争议开展仲裁业务，依法支持和保障中外当事人在仲裁前和仲裁中的财产保全、证据保全、行为保全等临时措施的申请和执行”。

围绕《总体方案》提出关于实现“投资自由”的具体目标与分解任务，上海自贸区临港新片区陆续出台了多项试点政策与创新案例，取得了初步的成效。2021 年 8 月，市委领导在市政府新闻发布会上介绍了临港新片区成立两年以来制度创新总体情况，其中涉及投资自由领域的主要内容为：“推动金融等领域进一步开放，全国首家外资控股的合资商业理财公司、首家外商独资的金融科技公司落户；在全国率先试点强化竞争政策；率先探索国际化商事纠纷解决方式，启动金融法治试验区建设。”

对比《总体方案》设定的预期目标与实施情况，不难发现，当前临港新片区在推动与促进“投资自由”的制度探索与规则创新方面依然存在诸多缺失与不足，主要体现在以下几个方面：(1)制度改革偏重于金融领域，但是在其他如商贸、文化、社会与专业服务等领域的新举措较少；(2)金融领域的改革尚不深入，存在制度瓶颈；(3)《自贸区投资准入负面清单》之中负面事项的范围仍较广，部分行业准入门槛甚至有所提高。

## 第二节　主要问题的分析

### 一、制度改革偏重于金融领域，但是在其他领域的新举措较少

经总结，上述新片区关于“投资自由”的法治保障举措主要以金融领域的改革创新为重点，但是在商贸、文化、社会与专业领域的新举措相对较少。因此，在推动投资自由方面，新片区成立两年以来制度创新的总体情况与新片区《总体方案》的要求存在一定的差距，尚未在新片区《总体方案》中提出的“科研和技术服务、教育、医疗等重点行业”实现全面突破与深化改革。而2013年发布的自贸区《总体方案》就在上述领域对制度改革方向与创新思路作出了指引，在一定程度上降低了相关行业的投资门槛。自贸区新片区作为自贸区的“升级版”，在更深层次、更宽领域、以更大力度推进投资自由方面依然存在较大的提升空间。

其中，上海自贸区总体方案对传统商贸服务领域的突破主要体现在两个方面：“(1)……(2)游戏机、游艺机销售及服务：允许外资企业从事游戏游艺设备的生产和销售，通过文化主管部门内容审查的游戏游艺设备可面向国内市场销售。”

在专业服务领域，上海自贸区总体方案要求：“(1)律师服务：探索密切中国律师事务所与外国及港澳台地区律师事务所业务合作的方式和机制；(2)资信调查：允许设立外商投资资信调查公司……”

在文化服务领域，上海自贸区总体方案要求：“(1)取消外资演出经纪机构的股比限制，允许设立外商独资演出经纪机构，为上海市提供服务；

(2)允许设立外商独资的娱乐场所，在试验区内提供服务。”

在社会服务领域，上海自贸区总体方案要求：“(1)允许举办中外合作经营性教育培训机构；同时也允许举办中外合作经营性职业技能培训机构；(2)允许在自贸区范围内设立外商独资医疗机构。”

综上所述，尽管早期自贸区为推动投资自由的举措均超出了我国加入WTO之时作出的承诺，但无论在数量上还是在质量上均存在一定的缺失与不足，与香港、新加坡、迪拜、纽约与伦敦等世界知名自贸区相比依然相对滞后，而新片区尚未在自贸区改革方案与制度框架的基础之上作出进一步突破与深化。究其原因，这一方面是主管部门对除了金融之外的制度创新重视程度不够；另一方面可以归结为，自贸区的央地事权关系尚未厘清，引发上海市人大出台新片区改革举措心存顾虑，新片区的规定能否突破上位法，能否在上位法尚未明确授权的前提下，在新片区范围之内颁布涉及律师、教育与医疗等领域的规定尚存疑义。

## 二、金融领域的改革尚不深入，存在制度瓶颈

尽管新片区出台了相关金融领域的改革新举措，但主要聚焦合资商业理财公司与金融科技公司的设立条件和外资控股比，改革依然不够深入，制度创新依然存在进一步完善与提升的空间。2013年发布的自贸区总体方案在专业健康医疗保险与融资租赁领域实施了相应的开放性举措，降低了相关机构的设立条件与投资门槛，时至今日，在金融投资领域，新片区依然存在较大的制度改革空间与余地。

其中，在专业健康医疗保险领域，上海自贸区总体方案要求：“试点设立外资专业健康医疗保险机构。”

在融资租赁领域，上海自贸区总体方案要求：“(1)融资租赁公司在试验区内设立的单机、单船子公司不设最低注册资本限制……”

综上所述，尽管早期自贸区对于金融行业准入的制度改革举措超出了我国加入WTO之时作出的承诺，但无论在适用对象还是从准入门槛方面看，均存在一定的缺失与不足，与世界知名自贸区相比依然滞后，新片区尚未在原有制度体系下实现制度创新与改革深化。在保险服务领域，上海

自贸区总体方案以及保监会批复支持上海自贸区建设八项措施发布;① 在专业健康医疗保险领域，自贸区正积极探索健康险、再保险、巨灾险等非传统保险类型的支持与扶持措施，但相关实施细则与保障机制依然有待落实与明确；在融资租赁领域，自贸区对相关业务的行政监管从原来的“事前监管”转变为“事中事后监管”，取消了注册资本限制，但适用的对象仅限于单机、单船子公司，适用范围相对有限；在证券投资领域，自贸区不仅支持境内外证券公司在自贸区范围内设立分支机构与子公司，也鼓励自贸区内的证券公司取得合格境内机构投资者以及境外的子公司取得合格境外机构投资者的身份，基本实现自贸区内符合条件的单位与个人双向投资境外证券市场，但对于境内外证券公司设立分支机构和子公司的标准与前提尚不明确，有待细化与落实。

## 三、负面清单的范围仍较广，部分行业准入门槛甚至有所提高

对“自贸区投资准入负面清单”的内容开展分析，不难发现，其中涉及行业投资与市场准入的负面条款依然较多，从而极大影响了在自贸区新片区范围内投资自由的实现。

其中，关于租赁和商业服务的主要规定为：“律师禁止投资中国法律事务(提供有关中国法律环境影响的信息除外)，不得成为国内律师事务所合伙人(外国律师事务所只能以代表机构的方式进入中国，且不得聘用中国执业律师……)。市场调查限于合资，其中广播电视收听、收视调查须由中方控股。禁止投资社会调查。”

涉及文化、体育与娱乐业的主要规定为：“文艺表演团体须由中方控股。”

涉及教育的主要规定为：“学前、普通高中和高等教育机构限于中外合作办学，须由中方主导……(外国教育机构、其他组织或者个人不得单独设

① 支持在自贸区内试点设立外资专业健康保险机构，开展人民币跨境再保险业务，支持上海研究探索巨灾保险机制，支持自贸区保险机构开展境外投资试点等。

立以中国公民为主要招生对象的学校及其他教育机构(不包括非学制类职业培训机构、学制类职业教育机构),但是外国教育机构可以同中国教育机构合作举办以中国公民为主要招生对象的教育机构)";"禁止投资义务教育机构、宗教教育机构"。

涉及卫生与社会工作的主要规定为:"医疗机构限于合资。"

涉及信息传输、软件和信息技术服务业的主要规定为:"禁止投资互联网新闻信息服务、网络出版服务、网络视听节目服务、互联网文化经营(音乐除外)、互联网公众发布信息服务。"

综上所述,在科研和技术服务、教育、卫生等新片区探索制度开放的重点领域,负面清单所涉及的事项依然较多,相关行业的准入门槛依然较高。2018年,习近平总书记在首届中国国际进口博览会开幕式上发表主旨演讲,特别指出,"加快电信、教育、医疗、文化等领域开放进程,特别是外国投资者关注、国内市场缺口较大的教育、医疗等领域也将放宽外资股比限制"。① 因此,涉及上述产业的负面事项亟须进一步压缩与限制。更有甚者,相比2013年上海自贸区总体方案与相关管理办法,《自贸区投资准入负面清单》为部分行业与部分业务所设定的准入门槛有所提高。例如,在医疗领域,2010年11月,国务院办公厅下发了《关于进一步鼓励和引导社会资本举办医疗机构意见的通知》,其中"对具备条件的境外资本在我国境内设立独资医疗机构进行试点,逐步放开"的表述规定第一次对外资独资医疗机构释放了政策信号。2013年,上海自由贸易试验区正式设立不到两个月,上海就发布了《中国(上海)自由贸易试验区外商独资医疗机构管理暂行办法》,明确允许外国投资者在上海自贸区独资设立医疗机构。但在该办法实施不到两年后,2015年版《自贸区投资准入负面清单》就规定,自贸区医疗机构仅限于合资与合作。时至今日,由外资投资的独资医院原则上依然不允许被设立。由此可见,我国对于外资医疗企业进入自贸区的

① 新华社. 习近平在首届中国国际进口博览会开幕式上的主旨演讲(全文)[EB/OL]. (2018-11-05). https://www.gov.cn/xinwen/2018-11/05/content_5337572.htm.

态度也有所反复，从2013年的允许外商独资的“超WTO”标准再次回归到如今仅允许中外合资的“WTO”标准。在商务服务业领域，2013年自贸区总体方案明确允许设立外商投资资信调查公司，并未对设立资信调查公司的控股比作出限制，但是《自贸区投资准入负面清单》明确市场调查仅限于合资，禁止投资社会调查。增值电信领域的制度开放也存在类似的倒退现象，笔者将在《数据便捷联通》一章中予以阐明。

## 第三节　对策建议的提出

### 一、扩大制度改革覆盖的领域，降低金融行业以外领域的准入门槛

笔者认为，应当扩大新片区制度改革的领域，扩展至商贸、文化、社会与专业服务领域。在原有自贸区提出法治保障举措的基础之上，进一步加大制度创新与法治保障力度。

例如，在游戏设计与销售领域，新闻出版总署等部门出台的《关于贯彻落实国务院〈“三定”规定〉和中央编办有关解释，进一步加强网络游戏前置审批和进口网络游戏审批管理的通知》明确指出，禁止外商以独资、合资、合作等方式在中国境内投资从事网络游戏运营服务。上海自贸区总体方案仅仅在游戏机①销售方面作出了开放，并未针对网络游戏本身的设计与销售出台相应的法治保障举措。考虑到上海曾在2018年发布《建设国际体育赛事之都三年行动计划》②，其旨在将上海打造为“电竞赛事之都”，

① 文化部发布的《关于允许内外资企业从事游戏游艺设备生产和销售的通知》中明确，所谓的游戏游艺设备是指通过专用设备向消费者提供游戏内容和游戏过程的电子、机械类装置。

② 上海市人民政府网. 上海市体育局关于印发《建设国际体育赛事之都三年行动计划(2018—2020年)》的通知[EB/OL]. (2018-12-13). http://www.shanghai.gov.cn/nw2/nw2314/nw2319/nw12344/u26aw57603.html.

笔者建议，对于网络游戏本身的设计与销售同样应当设立相应的激励机制，降低外国网络游戏公司的准入门槛。可以借鉴游戏游艺设备的相关规定，在自贸区新片区范围内允许外资企业以合资或独资的形式参与网络游戏的设计与销售，但前提依然是游戏内容在经文化部门内容审核后面向国内市场销售，从而最大限度地防范不良文化入侵与传播的社会风险。

在律师服务领域，上海市司法局于2014年就正式公布《中国(上海)自由贸易试验区中外律师事务所互派律师担任法律顾问的实施办法》和《中国(上海)自由贸易试验区中外律师事务所联营的实施办法》,① 明确在上海自贸区设立代表处的外国律师事务所与中国律师事务所经上海市司法局备案后，可以以协议方式相互派驻律师担任法律顾问；外国律师事务所与中国律师事务所经上海市司法局核准后，可以在上海自贸区内实行联营。建议上述做法同样应当从上海自贸区复制到临港新片区，在未来上述实施办法修改过程中同时适用于自贸区与自贸区新片区，或者在修改《新片区条例》时予以落实。另外，相比广东省司法厅发布的《关于香港特别行政区和澳门特别行政区律师事务所与内地律师事务所在广东省实行合伙联营试行办法》(2019年修订)，上海自贸区关于中外律师事务所联营的实施办法相对简单，并未涉及联营各方的最低出资额与双方出资比例，也未规定联营律师事务所的律师数量与派驻律师的执业经历，同样应当在未来修改之时予以完善。

## 二、深化金融领域的改革，突破制度瓶颈

笔者认为，应当在新片区现有的金融领域制度改革的基础之上加大创新力度，继续深化改革。在银行服务、保险业务、融资租赁与证券投资等

---

① 上海市人民政府网. 上海市人民政府办公厅关于转发市司法局制定的《中国(上海)自由贸易试验区中外律师事务所互派律师担任法律顾问的实施办法》《中国(上海)自由贸易试验区中外律师事务所联营的实施办法》的通知[EB/OL]. (2014-12-21). http://www.shanghai.gov.cn/nw2/nw2314/nw2319/nw2404/nw32764/nw32766/u26aw41019.html.

领域探索相应的配套机制与政策支持，从而有效推动新片区金融领域的投资自由。原则上应当借鉴香港特区与新加坡的经验，创建开放的投资准入制度，对外来及本地投资者尽可能一视同仁，在大部分领域给予国民待遇，而不采取任何歧视措施。对上述金融企业的经营活动，政府既不干预，也无任何补贴政策，只要遵守新片区的法律法规，即可投资从事上述产业。在解除银行服务、保险服务、融资租赁业务、证券公司、基金管理公司、期货公司、人身险公司等领域的外资持股比例限制的基础之上，推动外资金融机构业务范围扩大等金融开放措施在新片区内进行优先落地。①

在保险业务领域，自贸区新片区相关保险制度的实施应当继续坚持自贸区相关政策或法律法规，对健康险、再保险、巨灾险等非传统保险类型采取支持与扶持措施，对于从事上述非传统保险领域的中外资保险公司给予税收减免的优惠政策。除此以外，积极扩大外国保险公司投资相关保险业务的范围。与WTO《服务贸易具体承诺减让表》中所列出的承诺相比，自贸区总体方案强调外资保险企业投资范围不再局限于传统意义上的寿险与非寿险业务，而是扩展到健康险业务。笔者建议，还应当进一步鼓励国外保险公司在自贸区新片区范围内开展巨灾险、再保险与责任险等特殊风险的保险业务。

在融资租赁领域，自贸区新片区的政策试点应在原有自贸区针对单船与单机子公司取消注册资本的基础之上，落实2015年时任国务院总理李克强在国务院常务会议上作出的重要指示，厉行简政放权，对融资租赁公司

① 在2018年的博鳌论坛上，央行行长易纲代表中国政府宣布了金融业对外开放的11项具体措施并给出了具体时间，这些措施主要涉及机构开放。其中包括：将证券公司、基金管理公司、期货公司、人身险公司的外资持股比例上限放宽至51%，三年后不再设限。取消银行和金融资产管理公司的外资持股比例限制，内外资一视同仁。而在2019年，时任国务院总理李克强出席第十三届夏季达沃斯论坛开幕式并发表特别致辞时表示，中国将深化金融业和现代服务业开放，将于2020年取消对证券公司、基金管理公司、期货公司、寿险公司等金融领域的外资股比限制。然而上述解除外资持股比例的措施并未涉及银行。

设立子公司不设最低注册资本限制；同时更进一步，简化相关登记许可手续或将进出口手续的业务范围从“船舶或飞机”扩展至“海工设备、钻井平台、汽车制造与数控起床等”新片区重点发展的产业领域。另外，就融资租赁公司而言，设立子公司基本不可能再搞一套新的人马，更多的是成立一个业务部或项目部，所以应当对融资租赁子公司实施备案管理，取消事前审批有利于吸引更多融资租赁母公司在新片区范围内设立子公司。

在证券投资领域，上海自贸区已经解除了境内外证券双向投资限制，支持境内外证券业经营机构在自贸试验区内依法设立分支机构或专业子公司，允许自贸试验区内符合条件的金融机构和企业按照规定开展境外证券投资业务。笔者建议，新片区应当在坚持自贸区证券投资政策法规的基础上明确设立分支机构与专业子公司的标准与前提，对于此类分支机构或者子公司应放宽外资控股比，不仅允许外资持股比例超过50%，还允许其持股比例达到100%。同时，提高新片区分支机构与子公司海外发债与境外融资的额度，乃至实现母子公司外债额度的共享。当然，考虑到可能涉及跨国资金支付转移与安全监管的风险，相关法律法规应当对此类分支机构与子公司的注册资本、资金规模、从业年限与信用等级作出严格认定。例如注册资本为1000万且为实收资本，母公司在华具有实际经营场所且运行两年以上，信用评级为AA以上，在自贸区新片区银行设有专门的资金结算账户便于主管机关监管；并且实现“内外一致”，即无论是中资证券公司在新片区设立分支机构与子公司，还是外资证券公司在新片区设立分支机构与子公司，都应遵循相同的标准与要求。这一方面有利于金融监管内外一致，另一方面也有助于中资证券公司跨境投资享受对等的优惠政策。尤其应当支持国内的证券经营机构利用自贸试验区平台“走出去”，支持该机构与其境外的子公司取得合格境内机构投资者(QDII)和人民币合格境内机构投资者(RQDII)资格，开展境外证券投资业务。

## 三、压缩负面清单的范围，进一步降低行业准入门槛

笔者建议，应当在原有《自贸区投资准入负面清单》的基础之上进一步

压缩与限制，待时机成熟之时可以考虑效仿海南自贸港的做法，颁布专门的上海自贸区新片区投资准入负面清单，在未来修改《自贸区条例》《新片区条例》之时，增设一条：“上海自贸区新片区对外商投资实行准入前国民待遇加负面清单管理制度。特别适用于自贸区新片区的外商投资准入负面清单由国务院有关部门会同上海市制定，报国务院批准后发布”，同时发布《中国(上海)自贸实验区新片区外商投资准入特别管理措施(负面清单)》。

就娱乐产业而言，自贸区新政已经取消了《营业性演出管理条例》关于设立中外合资经营的演出经纪机构与演出场所经营单位的限制，允许中国合营者的投资比例低于50%，即外资或我国台湾地区的投资者拥有经营的主导权；同时废除了该条例中关于“不得设立合资、合作、独资经营的文艺表演团体”的相关规定，允许中外合资设立文艺表演团体，但强调“文艺表演团体须由中方控股”。笔者建议，新片区在坚持自贸区放宽演出经纪机构与演出场所准入限制的基础之上，适时进一步降低演出团体的准入门槛，在时机成熟之时取消该负面事项，重点吸引芭蕾舞、交响乐等国际知名的外商独资经营的表演团队在新片区设立与登记，但此类表演团体在新片区设立与登记之时依然需要提交相关的证明材料，并经主管部门的审核与批准，一旦发现曾产生不良文化影响的，应及时取消该团体的表演资质。

在医疗服务领域，正如上文所述，主管部门对于外资医疗机构的态度从2013年的允许外商独资转变为2018年仅仅允许中外合作投资医疗服务产业，此种做法无疑提高了自贸区医疗领域的准入门槛与医疗机构的设立条件，从自贸区制度开放与规则创新的角度看，这无疑是一种倒退。笔者的理解是，政府相关主管部门担心，允许外商独资的医疗机构的设立，可能不利于将其纳入我国现行食品药品监管体系进行监管，甚至可能产生胚胎移植、器官克隆等医疗伦理问题以及公民健康信息泄露等生物安全问题，因此，收紧了之前设立外商独资医疗机构的政策试点。但笔者认为，只要加强事前、事中与事后的日常监管，明确外资医疗机构的注册资本与从业年限，以及外籍医生的从业资质与信用记录，即可最大限度地避免上述监管风险与法律纠纷。根据之前的成功案例，2014 年落成的阿特蒙医院以及 2015 年建成的永远幸妇科医院均是在上海自贸区范围内设立的外商独资医疗机构，此举有助于新片区医疗机构引入国际先进医疗设备与高端医疗人才，同时与国际商业医疗保险市场接轨。更何况，我国在 2020 年《中欧全面投资协定》(CAI)的谈判中承诺“将取消对北京、上海、天津、广州和深圳等中国主要城市民营医院的合资要求”。因此，建议应在新片区范围内恢复原有的外商独资医疗机构的政策试点，切实履行我国在 CAI 外资医院准入条件方面作出的承诺；同时加强风险防范与控制，在对新设立外商独资医疗机构进行谨慎、严格审批的基础之上，围绕药品使用与医疗伦理等事项加强对此类医院定期检查与审核，若抽查不合格则取消医院的注册登记资格与涉案医生的执业资质。

在教育服务领域，我国加入 WTO 后承诺，“允许中外合作办学，且外方获得多数拥有权”。而自贸区总体方案与《自贸区投资准入负面清单》也规定：学前、普通高中和高等教育机构限于中外合作办学，但外方可以独资经营非学制类职业培训机构、学制类职业教育机构。因此，小学与初中阶段的义务制教育对于外国资本而言依然属于政策的禁区。当前，我国《义务教育法》和《民办教育促进法》规定，外资将被限制进入教育领域，外商投资企业及外方为实际控制人的社会组织不得举办实施义务教育的学校。总之，在教育领域放宽外资股比限制的举措，主要是针对非义务教育领域的学校办学而言。笔者建议，可以考虑采取“超 WTO”标准，尝试在新片区范围内暂停适用《义务教育法》，将中外合作办学的领域拓展至小学与初中义务教育阶段，但中方持股比例不得低于 50%，或者在中方控股比例低于 50%的情况下，由中方主导办学(即校长或者主要行政负责人应当具有中国国籍，或者是外籍华人且在中国境内定居)，同时在学校管理与经营章程中明确理事会、董事会或者联合管理委员会的中方组成人员不得少于 1/2。此举通过引入先进的国际化办学理念与教学思维有利于为新片区的受教育者提供多元化教育资源的选择。当然，新片区主管部门应注意外资办学过程中在意识形态方面可能产生的风险，应加强定期检查与随机抽检，一旦在授课环节发现不当言论或有不良倾向，上级主管部门应当及时作出予以停业整顿、吊销涉事教师资格乃至取消办学资格的处罚。

# 第三章

# 上海自贸区临港新片区“贸易自由”主要政策与法律制度

## 第一节　预期目标与实施情况的比较

为推动与促进上海自贸区新片区范围内的贸易自由，新片区《总体方案》明确提出，“应实施高标准的贸易自由化。在新片区内设立物理围网区域，建立洋山特殊综合保税区，作为对标国际公认、竞争力最强自由贸易园区的重要载体，在全面实施综合保税区政策的基础上，取消不必要的贸易监管、许可和程序要求，实施更高水平的贸易自由化便利化政策和制度。对境外抵离物理围网区域的货物，探索实施以安全监管为主、体现更高水平贸易自由化便利化的监管模式，提高口岸监管服务效率，增强国际中转集拼枢纽功能。支持新片区发展具有国际竞争力的重点产业，根据企业的业务特点，积极探索相适应的海关监管制度。相关监管政策制度由海关总署牵头另行制定。推进服务贸易自由化，加快文化服务、技术产品、信息通信、医疗健康等资本技术密集型服务贸易发展，创新跨境电商服务模式，鼓励跨境电商企业在新片区内建立国际配送平台。根据油气体制改革进程和产业需要，研究赋予新片区内符合条件的企业原油进口资质”。同时，“发展新型国际贸易。建设亚太供应链管理中心，完善新型国际贸易与国际市场投融资服务的系统性制度支撑体系，吸引总部型机构集聚。发展跨境数字贸易，支持建立跨境电商海外仓。建设国际医疗服务集聚区，支持与境外机构合作开发跨境医疗保险产品、开展国际医疗保险结算试点。允许符合条件的外商独资企业开展面向全球的文化艺术品展示、拍卖、交易”。

围绕《总体方案》提出关于实现“贸易自由”的具体目标与分解任务，上海自贸区临港新片区陆续出台了多项试点政策与创新案例，取得了初步的成效。2021年8月，市委领导在市政府新闻发布会上介绍了临港新片区成立两年以来制度创新总体情况，其中涉及贸易自由领域的主要内容为：“设立全国唯一的洋山特殊综合保税区，构建全新的‘六特’海关监管模式，成立离岸贸易监测中心、服务中心和创新发展研究基地，上线离岸贸易与国际金融服务平台。国内首单跨关区国际中转集拼、首单国际铜保税标准仓单质押融资、首单飞机船舶跨境租赁、首单境外仓单离岸转手买卖等创新业务相继落地。今年1—6月，洋山特殊综合保税区进出口总额累计比去年同期增长56.7%。”根据《若干意见》的要求，“未来将集聚发展新型国际贸易与高端国际航运。打造离岸贸易创新发展实践区，推动服务贸易创新发展，做强洋山特殊综合保税区产业功能，提升全球航运枢纽能级”。

对比《总体方案》设定的预期目标与实施情况，不难发现，当前临港新片区在推动与促进贸易自由的制度探索与规则创新方面依然存在诸多缺失与不足，主要体现在以下几个方面：(1)特殊综保区政策初见成效，但依然存在改进空间；(2)服务贸易法治保障不足，亟待全面升级；(3)《自贸区服务贸易负面清单》范围仍较广，亟须进一步压缩。

## 第二节　主要问题的分析

### 一、特殊综保区政策初见成效，但依然存在改进空间

围绕上海自贸区新片区《总体方案》“积极探索相适应的海关监管制度。相关监管政策制度由海关总署牵头另行制定”的要求，海关总署于2019年颁布了《中华人民共和国海关对洋山特殊综合保税区监管办法》，该办法针对洋山特殊综保区与境外之间进出货物的监管以及洋山特殊综保区与境内区外之间进出货物的监管作出了明确的规定。作为自贸区新片区先行启动区的重要组成部分，特殊综保区还允许区内企业可依法开展中转、集拼、存储、加工、制造、交易、展示、研发、再制造、检测维修、分销和配送

等业务。对于国际中转货物而言，允许其在三个月内复运出境。而在2020年5月，海关总署领导在市政府发布会上还特别强调，“货物在洋山特殊综合保税区内不设存储期限”。特殊综保区政策的出台对于新片区口岸贸易与离岸贸易的发展发挥了积极作用，但依然存在进一步提升的空间。

与香港、新加坡、迪拜、伦敦与纽约等国际知名自贸区相比，特殊综合保税区所征收的关税以及其他税费依然较高，对于部分进口产品所实施关税配额依然存在，尤其是针对文化服务、技术产品、跨境电商与原油进口等新片区重点发展的贸易产业缺乏相应的进出口优惠政策。无论是近年来发生的中美贸易战，还是中澳贸易纠纷，他国政府均指责我国政府在缺乏法律依据的前提下征收报复性附加关税。美国贸易办公室每年定期发布的《中国执行世界贸易组织承诺年度报告》多次指出，我国中央与地方政府为鼓励部分产品出口贸易的开展，给予相关产业以多项显性与隐性补贴。目前，特殊综保区围绕货物贸易的制度改革主要集中于程序环节，例如，简化货物进出口流程，提高通关效率，但缺乏具有国际竞争力的税收政策支持与开放透明的进出口贸易规则。从总体而言，特殊综合保税区政策和原有的保税区制度差异不大，政策吸引力相对有限。另外，特殊综保区范围较小，作为新片区先行启动区的一部分实行物理围网管理，鉴于其政策适用范围相对有限，也在一定程度上制约了新片区贸易自由制度改革的总体效果。

## 二、服务贸易法治保障不足，亟待全面升级

当前自贸区新片区在贸易领域的改革与创新基本局限于货物贸易的开放以及政府简政放权与简化流程，但是在推动与促进服务贸易的开放领域依然存在较大的完善空间。随着服务贸易在全球贸易之中所占的份额与比重逐年上升，国际贸易规则的焦点应从单纯的货物贸易向服务贸易转变，因此，当前贸易自由的主要障碍已经不再是货物贸易领域的关税、配额等管制措施以及政府补贴等非关税管制措施，而是服务贸易领域内的行政监管与制度障碍。然而，当前新片区服务贸易自由化的实施现状与当初新片区《总体方案》中提出的“推动服务贸易自由化，在文化服务、技术产品、

信息通讯、医疗健康以及跨境电商等重点领域服务贸易发展”的要求存在一定的差距。

上海市政府于2020年11月曾颁布《上海市全面深化服务贸易创新发展试点实施方案》，然而，其中有关临港新片区的制度改革主要是针对“资金流动便利”“人员流动便利”“数据跨境安全有序流动”，其他制度改革举措与政策探索均未单独适用于自贸区新片区，而是总体适用于全市服务贸易各个领域。

其中涉及“跨境科技服务体系”的主要内容为：“完善技术进出口监测体系。对禁止类和限制类技术进出口进行科学管控，防范安全风险。支持关键技术进口，探索引进国际先进的集成电路、人工智能、生物医药、民用航空、碳排放、环保检验检测技术。大力发展离岸服务外包……探索在浦东新区建立生物医药研发用特殊物品管理服务平台，在进口许可、风险管理等方面开展便利化试点……健全适应市场要素高效配置的技术权益交易制度体系……”

涉及“拓宽跨境金融服务”的主要内容为：“全面提升金融科技在跨境业务中的应用水平……支持符合条件的保险机构开展外汇寿险业务，支持保险公司依托自由贸易账户开展保险跨境业务创新。支持符合条件的外资银行开展国债期货交易，更广泛地参与商品期货、标准仓单、标准仓单质押及场外衍生品业务……支持率先建立人民币跨境贸易融资和再融资服务体系，为跨境贸易提供人民币融资服务。支持设立人民币跨境贸易融资支持平台。支持符合条件的内资和外资机构依法申请设立银行卡清算机构，参与国内人民币银行卡清算市场。”

涉及“文化旅游服务”的主要内容为：“发挥上海在线新经济平台企业集聚的优势，支持优秀原创文化内容在沪首发。支持创建国家版权创新发展基地，提升国家对外文化贸易基地(上海)服务能级，举办授权展会……加快上海国际艺术品保税服务中心建设，优化艺术品快速通关及保税仓储服务……提升中医药服务质量……争取认定国家中医药服务出口基地。办好一批国际顶级赛事……支持更多国际高水平电竞比赛在沪举办。”

时至今日，政府主管部门与新片区管委会尚未围绕上述实施方案中提及的“跨境科技服务体系”“拓宽跨境金融服务”“文化旅游服务”等相关要求在新片区范围内发布与实施关于深化服务贸易创新发展与制度改革的新举措。因此，新片区在上述重点领域推动服务贸易法治保障的引领作用与示范效应亟待增强。

## 三、《自贸区服务贸易负面清单》范围仍较广，亟须进一步压缩

十九大报告中明确指出：“将实行高水平的贸易和投资自由化便利化政策，全面实行准入前国民待遇加负面清单管理制度，大幅度放宽市场准入，扩大服务业对外开放，保护外商投资合法权益。”因此，自贸区以及新片区应当在服务贸易领域发挥先行先试的“试验田”作用，在服务业市场开放与服务贸易推进等领域对标更高标准的国际经贸规则，通过政策先行先试在自贸区与新片区领域实施跨境服务贸易负面清单管理制度。

涉及自贸区最新的跨境服务贸易负面清单为2018年颁布的“服务贸易负面清单”，共梳理了159项特别管理措施，涉及13个门类，31个行业大类，包括金融业，交通运输、仓储和邮政业，文化、体育和娱乐业，科学研究和技术服务业，租赁和商务服务业，信息传输、软件和信息技术服务业，批发零售业，水利、环境和公共设施管理业，教育等各个行业，其中负面条款最多的金融业涉及31条。但该负面清单至今尚未更新，相比《自贸区投资准入负面清单》，无论是从更新频次还是篇幅数量上看，均不甚理想。相比之下，适用于海南自贸港的跨境服务贸易负面清单——《海南自由贸易港跨境服务贸易特别管理措施（负面清单）》（2021年版）不仅具有时效性，且负面条款也仅有70条，这意味着与海南自贸港相比，上海自贸区与新片区在跨境服务贸易开放体系建构与制度创新方面已经滞后。经笔者的梳理，上海自贸区和海南自贸港贸易服务负面清单在诸多特别管理措施方面存在不少共通之处，也存在不少差异之处。对于存在共通之处的事项，上海版的负面清单与海南版的负面清单依然在表述上存在一些差异，例如，上海版的部分规定不够完整与周延，或者在程序与要求上存在细微

差异；对于存在差异之处的事项，部分内容是上海版负面清单所特有的，而部分内容是海南版负面清单所独有的。简而言之，有些特别管理措施被列入上海版负面清单，而未被列入海南版负面清单，而有些特别管理措施被列入海南版负面清单，却未被列入上海版负面清单。因此，上海版与海南版负面清单相比在特别管理措施上有交叉重叠，也有错位差异。对于两份负面清单的共通之处，笔者对相关内容作了梳理与比较，如表 3-1 所述。对于两份负面清单的差异之处，受篇幅所限，在此不作详细列举，在海南版负面清单中以粗体字标出，而在对策建议部分作出说明。

**表 3-1　上海版与海南版跨境服务贸易清单共通制度的比较**

| 上海版跨境服务贸易负面清单 | 海南版跨境服务贸易负面清单 |
| --- | --- |
| 3. 外国人、外国渔业船舶进入中国管辖水域，从事渔业资源调查活动，须经批准；经批准从事生物资源调查活动，须采用与中方合作方式 | 1. 境外个人、境外渔业船舶进入中国管辖水域，从事渔业资源调查活动，必须经中国政府批准。**同中国订有条约、协定的，按照条约、协定办理** |
| 17. 外国国际道路运输经营者不得从事中国国内道路旅客和货物运输经营，不得在中国境内自行承揽货物或者招揽旅客 | 15. 境外国际道路运输经营者**不得从事起讫地在中国境内的道路旅客运输经营** |
| 21. 境外相关企业、组织和个人不得经营或变相经营中国国内水路运输业务及水路运输辅助业务；水路运输经营者使用外国籍船舶经营国内水路运输业务须经许可；外国籍船舶经营中国港口之间的海上运输和拖航，须经交通主管部门批准 | 5. 只允许境外服务提供者在对境外船舶开放的港口从事国际运输，除此以外，境外服务提供者不得经营国内水路运输业务，不得以租用中国籍船舶或者舱位等方式变相经营国内水路运输业务。国内水路运输经营者不得使用外籍船舶经营国内水路运输业务。**但是，在国内没有能够满足所申请运输要求的中国籍船舶，并且船舶停靠的港口或者水域为对外开放的港口或者水域的情况下，经中国政府许可，国内水路运输经营者可以在中国政府规定的期限或者航次内，临时使用外籍船舶运输** |

续表

| 上海版跨境服务贸易负面清单 | 海南版跨境服务贸易负面清单 |
| --- | --- |
| 26. 外国籍船舶在中国引航区内航行或者靠泊、离泊、移泊(顺岸相邻两个泊位之间的平行移动除外)以及靠离引航区外系泊点、装卸站，须申请引航 | 6. **除游艇外的**外籍船舶进出海南自由贸易港或者在其内河航行、港口航行、移泊以及靠离港外系泊点、装卸站等，应当向当地的引航机构申请引航。**如中国与船籍所属国另有协定，则先遵守相关协定规定** |
| 27. 外国的企业或者其他经济组织或者个人参与打捞中国沿海水域沉船沉物，应与中方签订共同打捞合同或成立中外合作打捞企业 | 8. 境外服务提供者须通过与中方打捞人签订共同打捞合同的方式，参与打捞沿海水域沉船沉物。**境外服务提供者为履行共同打捞合同所需船舶、设备及劳务，在同等条件下，应当优先向中方打捞人租用和雇佣** |
| 37. 外国航空运输企业委托其在中国境内指定的销售代理直接进入和使用外国计算机订座系统并使用该外航票证销售相关国际客票，须经民航主管部门许可 | 9. 计算机订座系统服务，对于跨境交付方式，只允许：(1)**境外计算机订座系统，如与中国航空运输企业和中国计算机订座系统订立协议，则可通过与中国计算机订座系统连接，向中国航空运输企业和中国航空代理人提供服务**；(2)**境外计算机订座系统可向根据双边航空协定有权从事经营的境外航空运输企业在中国通航城市设立的代表处或营业所提供服务**；(3)**中国航空运输企业**和境外航空运输企业的销售代理直接进入和使用境外计算机订座系统须经中国民航主管部门批准 |
| 39. 为中国航空运营人进行驾驶员执照和等级训练的境外驾驶员学校，其所在国须为国际民用航空公约缔约国，该校具有其所在国民航当局颁发的航空运行合格证或类似批准书，并获得中国民航主管部门许可 | 12. 为中国航空运营人进行驾驶员执照和等级训练，**且完成训练合格的驾驶员回国按照简化程序换取中国民航相应驾驶员执照的境外驾驶员学校应当符合**：(1)所在国为国际民用航空公约缔约国，该校具有其所在国民航主管部门颁发的航空运行合格证或类似批准书；(2)获得中国政府许可 |

续表

| 上海版跨境服务贸易负面清单 | 海南版跨境服务贸易负面清单 |
|---|---|
| 42. 在中国境内经营快递业务，须为中国企业法人 | 16. 境外服务提供者不得经营信件的国内快递业务 |
| 43. 境外邮政不得在中国境内提供邮政服务 | 17. 境外服务提供者不得提供邮政服务 |
| 44. 在中国境内经营电信业务，须为中国电信业务经营公司 | 18. 中国对电信业务经营实行许可制度。只有在中国境内依法设立的公司**取得电信业务经营许可证后**，方可从事电信业务经营活动。 |
| 45. 在中国境内从事国际通信业务须通过国际通信出入口局进行。在中国境内设置、维护国际通信出入口，须由中国电信业务经营者进行 | 19. 从事国际通信业务，必须通过中国信息产业主管部门批准设立的国际通信出入口局进行。国际通信出入口局应当由国有独资的电信业务经营者**申请设置、承担运行维护工作，并经工业和信息化主管部门批准设立** |
| 46. 境外组织或个人不得在中国境内进行电波参数测试或电波监测 | 20. 境外组织或个人不得进行电波参数测试或电波监测 |
| 47. 国家广播电视主管部门指定国有广播电视机构根据规划，统一代理用于传输广播电视节目的卫星转发器租用或使用事宜；境外卫星公司在国内提供卫星转发器出租服务，须通过符合条件的中国卫星公司转租，并负责技术支持、市场营销、用户服务和用户监管等；境外卫星公司直接向中国国内用户经营卫星转发器出租业务，须经通信主管部门批准 | 21. **境外单位向中国境内单位提供通信卫星资源出租服务，应在遵守中国卫星无线电频率管理的规定，并完成与中国申报的卫星无线电频率协调的前提下**，将通信卫星资源出租给境内具有相应经营资质的单位，再由境内卫星公司转租给境内使用单位并负责技术支持、市场营销、用户服务和用户监管等。不允许境外卫星公司未经中国政府批准直接向境内用户经营卫星转发器出租业务 |
| 54. 在中国境内从事货币经纪业务，须为中国货币经纪公司 | 26. 仅经批准在中国境内设立的货币经纪公司可从事货币经纪业务 |

续表

| 上海版跨境服务贸易负面清单 | 海南版跨境服务贸易负面清单 |
| --- | --- |
| 55. 除以下情形，在中国境内经营证券业务，须为中国证券公司：(1)经批准取得境外上市外资股(B股)业务资格的境外证券经营机构可通过与境内证券经营机构签订代理协议，或者证券交易所规定的其他方式从事境内上市外资股经纪业务；(2)经批准取得境内上市外资股业务资格的境外证券经营机构担任境内上市外资股主承销商、副主承销商和国际事务协调人；(3)境外证券服务机构代理合格境内机构投资者买卖境外证券；(4)符合法定条件的境外投资顾问代理合格境内机构投资者进行境外证券投资；(5)符合法定条件的境外资产托管人代理境外资产托管业务 | 29. 以境外消费方式提供服务以及以跨境交付方式提供以下服务，不受第28条的限制：(1)经批准取得境内上市外资股(B股)业务资格的境外证券经营机构可通过与境内证券经营机构签订代理协议，或者证券交易所规定的其他方式从事境内上市外资股经纪业务；(2)经批准取得境内上市外资股业务资格的境外证券经营机构担任境内上市外资股主承销商、副主承销商和国际事务协调人；(3)经批准的合格境内机构投资者开展境外证券投资业务，可以委托境外证券服务机构代理买卖证券；(4)经批准合格境内机构投资者可以委托符合条件的境外投资顾问进行境外证券投资；(5)受托管人委托负责境外资产托管业务的境外资产托管人须符合法定条件 |
| 62. 仅依据中国法成立的证券经营机构、期货经纪机构、其他从事咨询业务的机构经批准可从事证券、期货投资咨询业务 | 28. 仅依中国法在中国设立的证券公司经批准可经营下列证券业务：(1)证券经纪；**(2)证券投资咨询；(3)与证券交易、证券投资活动有关的财务顾问；(4)证券承销与保荐；(5)证券融资融券；(6)证券做市交易；(7)证券自营；(8)其他证券业务**<br>35. 仅依据中国法成立的期货公司、其他期货经营机构可以从事期货投资咨询业务。**在海南自由贸易港居住的境外个人可以申请取得期货投资咨询从业资格** |

续表

| 上海版跨境服务贸易负面清单 | 海南版跨境服务贸易负面清单 |
| --- | --- |
| 75. 在中国境内经营保险业务，须为中国保险公司及法律、行政法规规定的其他保险组织；以境外消费方式提供的除保险经纪外的保险服务不受上述限制，以跨境交付方式提供的下列保险服务，不受上述限制：再保险，国际海运、空运和运输保险，大型商业险经纪、国际海运、空运和运输保险经纪、再保险经纪 | 24. 仅在中国境内，依照中国法设立的保险公司以及法律、行政法规规定的其他保险组织可经营保险业务。以境外消费方式提供的除保险经纪外的保险服务及以跨境交付方式提供的下列保险服务，不受上述限制：再保险，国际海运、空运和运输保险，大型商业险经纪、国际海运、空运和运输保险经纪及再保险经纪 |
| 77. 仅中国期货公司可根据国务院期货监督管理机构按照其商品期货、金融期货业务种类颁发的许可证，经营下列期货业务：境内期货经纪业务、境外期货经纪、期货投资咨询以及国务院期货监督管理机构规定的其他期货业务；仅中国期货公司可根据国务院期货监督管理机构的要求，在依法登记备案后，从事资产管理业务 | 32. 仅**依据中国法在中国设立的**期货公司可依据中国期货监督管理机构按照其商品期货、金融期货业务种类颁发的许可证，经营下列期货业务：境内期货经纪业务、境外期货经纪、期货投资咨询以及中国期货监督管理机构规定的其他期货业务。仅**依据中国法在中国设立的**期货公司可根据中国期货监督管理机构的要求，在依法登记备案后，从事资产管理业务 |
| 79. 在中国境内申请期货保证金存管业务资格，须为中国境内设立的全国性银行业金融机构法人 | 33. 仅在中国境内设立的商业银行可申请期货保证金存管银行资格 |
| 81. 从事企业年金基金管理业务的法人受托机构、账户管理人、托管人和投资管理人须经金融监管部门批准，并为中国法人 | 36. 企业年金法人受托机构、托管人、投资管理人应当经中国金融监管部门批准，并为中国法人<br>37. 企业年金账户管理人应当经中国政府批准，并为中国法人 |

续表

| 上海版跨境服务贸易负面清单 | 海南版跨境服务贸易负面清单 |
|---|---|
| 84. 外国律师事务所、其他组织或者个人不得在中国境内从事法律服务活动 | 41. 境外律师事务所、境外其他组织或个人**不得以境外律师事务所驻华代表机构以外的其他名义在中国境内从事法律服务（海南律师事务所聘请外籍律师担任外国法律顾问和港澳律师担任法律顾问除外）** |
| 89. 境外组织和个人不得在境内直接进行市场调查和社会调查，不得通过未取得涉外调查许可证的机构进行市场调查和社会调查 | 48. 境外组织或个人不得直接进行社会调查，不得通过未取得涉外调查许可证的机构进行社会调查。境外服务提供者经资格认定，取得涉外调查许可证的可进行市场调查 |
| 90. 外国公司、企业和其他经济组织在中国境内从事人才中介服务活动，须与中国公司、企业和其他经济组织合资经营，设立专门的人才中介机构<br>92. 境外企业、自然人及外国驻华机构不得在中国境内从事境外就业中介活动，不得直接在中国境内招收劳务人员或境外就业人员 | 49. 境外服务提供者**不得提供人力资源服务（包括但不限于人才中介服务、职业中介服务）**，不得直接招收劳务人员赴国外工作 |
| 96. 任何国际组织、外国的组织或者个人在中国领海、专属经济区、大陆架进行科学研究，或者在中国领海进行海洋作业，或者对中国的专属经济区和大陆架的自然资源进行勘查、开发活动，或者在中国的大陆架上进行钻探，须经批准<br>97. 外国人、外国组织在中国领域和中国管辖的其他海域发掘古生物化石，须经国土资源主管部门批准，采取与符合条件的中方单位合作的方式，并遵守有关古生物化石发掘、收藏、进出境的规定 | 56. **未经批准，境外组织或个人不得在中国领域和中国管辖的其他海域从事测绘、气象、水文、地震及生态环境监测、海洋科研、铺设海底电缆和管道、自然资源勘查开发等活动** |

续表

| 上海版跨境服务贸易负面清单 | 海南版跨境服务贸易负面清单 |
|---|---|
| 102. 国际组织、外国的组织或者个人对中国的专属经济区和大陆架的自然资源进行勘查、开发活动或者在中国的大陆架上进行钻探，须经批准<br>103. 外国的组织和个人在中国领域和中国管辖的其他海域从事气象活动，须经气象主管机构会同有关部门批准<br>104. 外国的组织或者个人在中国领域和中国管辖的其他海域从事地震监测活动，须经地震工作主管部门会同有关部门批准，并采取与中外合作的形式进行<br>105. 外国的组织或者个人在中国领域和管辖的其他海域从事测绘活动，须经测绘行政主管部门会同军队测绘主管部门批准，并采取中外合作的形式进行 | |
| 101. 外国企业和其他经济组织或者个人在中国从事城乡规划编制服务的，须设立外商投资企业，取得城乡规划编制单位资质证书，在相应资质等级许可范围内，承揽城市、镇总体规划服务以外的城乡规划编制工作 | 53. 境外服务提供者可提供除总体规划以外的城市规划服务，**但须与中方专业机构合作。法定规划以外的城市设计和法定规划编制的前期方案研究，可不受此限制** |
| 116. 各级各类学校（除高等学校）一般不聘请外籍教师来校任教。高等学校聘请专家、外教，须经教育主管部门批准。宗教院校聘用外籍专业人员以短期讲学为主，时间限半年以内；长期任教时间限一年以内；不得聘用外籍专业人员担任宗教院校的行政领导职务 | **58. 境外个人教育服务提供者受海南自由贸易港内学校和其他教育机构邀请或雇佣，可入境提供教育服务，须具有学士以上学位，且具有相应的专业职称或证书** |

续表

| 上海版跨境服务贸易负面清单 | 海南版跨境服务贸易负面清单 |
| --- | --- |
| 120. 境外机构不得单独在中国境内举办教育考试 | 57. **境外教育服务提供机构除与中方教育考试机构合作举办面向社会的非学历的教育考试外**，不得单独举办教育考试 |
| 122. 外国医师来华短期行医须注册并取得短期行医许可证 | 59. 在外国取得合法行医权的外籍医师，应**邀、应聘或申请来华从事临床诊断、治疗业务等活动，注册有效期不超过一年，注册期满需要延期的，可以按规定重新办理注册** |
| 123. 新闻出版中外合作项目，须经新闻出版主管部门批准<br>125. 网络出版服务单位与境外组织及个人进行网络出版服务业务的项目合作，须经新闻出版主管部门批准 | 60. ……中外新闻出版单位进行新闻出版合作项目，须经中国政府批准，**并确保中方的经营主导权和内容终审权，并符合中国政府批复的其他条件**。网络出版服务单位与境内外商投资企业或境外组织、个人进行网络出版服务业务的项目合作，应当事前报中国政府批准。**未经审核许可，境外服务提供者不得复制音像制品、电子出版物** |
| 124. 外国通讯社在中国境内发布新闻信息，须经新华通讯社批准，并由新华通讯社指定的机构代理。外国通讯社不得在中国境内直接发展新闻信息用户；外国新闻机构在中国境内设立常驻新闻机构、向中国派遣常驻记者，须经外交部批准，并办理外国常驻记者证以及居住证；常驻或短期采访，应办理记者签证 | 69. 境外服务提供者不得从事新闻服务，包括**但不限于通过通讯社、报纸、期刊、广播电台、电视台提供的新闻服务**，但是(1)经中国政府批准，境外新闻机构可设立常驻新闻机构，**仅从事新闻采访工作**，向中国派遣常驻记者；(2)**经中国政府批准且在确保中方主导的条件下，中外新闻机构可进行特定的业务合作。经中国政府批准，境外通讯社可向中国境内提供经批准的特定新闻业务，例如，向境内通讯社供稿** |

续表

| 上海版跨境服务贸易负面清单 | 海南版跨境服务贸易负面清单 |
| --- | --- |
| 129. 出版境外著作权人授权的电子出版物(含互联网游戏作品)，进口用于出版的音像制品，以及进口用于批发、零售、出租等的音像制品成品，须经新闻出版主管部门审查批准<br>131. 境外出版机构在中国境内与中国出版机构开展合作出版，须经新闻出版主管部门批准；图书和电子出版物出版单位出版境外著作权人的图书和电子出版物，须向版权主管部门办理出版合同登记<br>132. 网络出版服务单位在网络上出版境外著作权人授权的网络游戏，须经新闻出版主管部门批准 | 60. 境外服务提供者不得从事图书、报纸、期刊、音像制品、电子出版物的编辑、出版、制作业务，不得从事网络出版(含网络游戏)服务。中国加入世贸组织承诺内容除外…… |
| 134. 聘用外国人参加广播影视节目制作的单位限定于中央和各省、自治区、直辖市、省会市、计划单列市的广播电台、电视台和其他广播电视节目制作单位，以及电影制片厂和具有摄制电影许可证或电视剧制作许可证的单位。聘用外国人参加广播影视节目制作活动，须经广播影视主管部门批准；邀请外国人参加临时性不支付报酬的广播影视节目制作活动，须向广播影视主管部门备案；广播电台、电视台不得聘请外国人主持新闻类节目 | 67. 境外服务提供者不得从事广播电视节目制作经营(含引进业务)服务，但经批准，境内广播电视节目制作机构可与境外机构及个人合作制作电视剧(含电视动画片)。中外合作制作的电视剧主创人员(编剧、制片人、导演、主要演员)中中方人员不得少于25%。聘用境外个人参加境内广播电视节目制作，由广播电视行政部门审批 |

续表

| 上海版跨境服务贸易负面清单 | 海南版跨境服务贸易负面清单 |
| --- | --- |
| 137. 国产故事片原则上不得聘用境外导演，其他主创人员一般也须是我国公民。中外合作摄制的故事片，因题材、技术、角色等特殊需要聘用境外主创人员的，须经广播影视主管部门批准，并符合有关演员比例要求<br>138. 在中国境内从事中外合作制作电视剧(含电视动画)活动，须经广播影视主管部门批准，并符合有关主创人员比例要求<br>139. 中外合作摄制电影片中聘用境外主创人员的，须经广播影视行政部门批准，并符合有关演员比例要求 | 62. **国产故事片、动画片、科教片、纪录片、特种电影等，其主创人员一般应是中国境内公民。**因拍摄特殊需要，经批准可聘用境外主创人员，**但主要演员中聘用境外的主角和主要配角均不得超过主要演员总数的三分之一。**对外合作摄制的故事片、动画片、纪录片、科教片等，因拍摄特殊需要，经中国电影主管部门批准可聘用境外主创人员。**除已有特别协议规定的国家和地区外，境外主要演员数量不得超过主要演员总数的三分之二** |
| 140. 在中国境内从事互联网视听节目服务和专网及定向传播视听节目服务，须为中国信息网络传播法人 | 63. 境外服务提供者不得从事网络视听节目服务。**单个网站年度引进专门用于信息网络传播的境外电影、电视剧总量，不得超过该网站上一年度购买播出国产电影、电视剧总量的30%。引进用于信息网络传播的境外电影、电视剧及其他视听节目，必须经省级以上广播电视行政部门审查批准** |
| 142. 用于广播电台、电视台播放的境外电影、电视剧，须经广播影视主管部门批准。用于广播电台、电视台播放的境外其他广播电视节目，须经广播影视主管部门或者其授权的机构批准 | 64. 用于广播电台、电视台播放的境外电影、电视剧，必须经中国广播电视行政部门审查批准。用于广播电台、电视台播放的境外其他广播电视节目，必须经中国广播电视行政部门或者其授权的机构审查批准。**广播电台、电视台以卫星等传输方式进口、转播境外广播电视节目，必须经中国广播电视行** |

续表

| 上海版跨境服务贸易负面清单 | 海南版跨境服务贸易负面清单 |
| --- | --- |
|  | 政部门批准。中国对引进境外影视剧进行调控和规划。引进境外影视剧和以卫星传送方式引进其他境外电视节目，由指定单位申报。播出按规定引进的境外广播电视节目，须符合有关时间比例、时段安排等规定 |
| 148. 外国的文艺表演团体、个人不得在中国境内自行举办营业性演出，但可参加由中国境内的演出经纪机构举办的营业性演出，或受中国境内的文艺表演团体邀请参加该文艺表演团体自行举办的营业性演出。外国人不得从事营业性演出的居间、代理活动 | 68. 境外的文艺表演团体、个人不得自行举办营业性演出，但可以参加由中国境内的演出经纪机构举办的营业性演出，或受中国境内的文艺表演团体邀请参加该文艺表演团体自行举办的营业性演出，并须经文化和旅游行政部门批准。境外个人不得从事营业性演出的居间、代理活动 |

## 第三节　对策建议的提出

### 一、充分释放特殊综保区政策红利，逐步取消各类关税与非关税壁垒

针对上述特殊综保区政策法规在实施的深度、力度与幅度存在的问题，笔者建议，应充分释放新片区各项政策红利，逐步打破各项关税与非关税壁垒，充分落实新片区《总体方案》中关于“对境外进入物理围网区域内的货物、物理围网区域内企业之间的货物交易和服务实行特殊的税收政策。扩大新片区服务出口增值税政策适用范围，研究适应境外投资和离岸业务发展的新片区税收政策”的要求与目标，在原来海关总署2019年第

170 号文的基础之上，对洋山特殊综保区与境外之间进出货物的监管、洋山特殊综保区与区外之间进出货物的监管以及洋山特殊综保区内货物的监管作出特殊规定，进一步深化制度改革与创新。

在减免关税征收与取消非关税壁垒设置的实体性规定方面，笔者建议可以适当借鉴香港特区与新加坡的成功经验，遵循“竞争中性原则”，该原则的要义是，政府采取的所有行动，对国企与其他企业之间的市场竞争影响都是中性的，不偏不倚，其核心在于监管中性。2019 年《政府工作报告》明确指出，“按照竞争中性原则，在要素获取、准入许可、经营运行、政府采购和招投标等方面，对各类所有制平等对待”。这意味着在当前市场竞争环境下，对于国营企业、民营企业与外资企业应当一视同仁，不应为了扶持国有企业与民族资本的发展状态而作出非理性的补贴从而扭曲资本市场。

第一，可以尝试围绕一些新片区重点发展与推动进出口贸易领域采取低关税，乃至零关税的政策，对于诸如文化服务产品、技术产品、跨境电商与船用燃料进口贸易，不征收关税，不设置任何关税限额或附加税，也不附加任何增值税或服务费。但对其他类型的商品依然应当征收关税，其中可以细分为两类，一种为普通商品，另一种为限制性商品。新片区可以对普通商品的进出口征收较低的税额，但对于国内限制进口的商品，例如酒类、烟草、石油、甲醇与机动车等商品依然应征收较高关税。笔者建议，应效仿《海南自由贸易港法》的规定，设置关税征收目录，对进口征税商品实行目录管理，目录之外的货物进入新片区特殊综保区，免征进口关税。进口征税商品目录由国务院财政部门会同国务院有关部门和上海市制定。同时，根据未来国际贸易形势与企业实际需求，基于“自由贸易”或“对等贸易”原则适时调整该关税征收名录，尤其是应当转变理念，充分认识到关税减免并不必然意味着税源的大量流失，而是会吸引更多制造商、加工商、贸易商在新片区范围内设立公司、厂房与仓库，从而为当地带来更多的就业机会与发展机遇，推动新片区离岸贸易与转口贸易的自由化与便利化，全面提升进出口贸易与物流创业的附加值。

第二，逐步取消国际贸易限制性政策，减少对进出口、转运商品的配额限制和贸易管制。除危险品、武器、药品和化妆品等特殊货物和针对特定地区的进出口需要申请许可证外，一般货物可以自由进出口。

第三，应当考虑取消各种补贴和税收、融资、政府采购等政策倾斜，确保公平的竞争环境。建议在新片区特殊综合保税区范围内开展先行试点与积极尝试，取消各种不必要的政府补贴，无论这种补贴是显性的还是隐性的，待时机成熟之后推广至整个新片区乃至自贸区。

在简化各类税收征收的程序性规定方面，建议新片区综合保税区同样可以效仿《海南自由贸易港法》的规定，加大税制改革力度，建立符合需要的新片区税制体系。将增值税、消费税、车辆购置税、城市维护建设税及教育费附加等税费进行兼并，待时机成熟之后进一步简化税制，并推广至整个新片区乃至自贸区。同时提高各种税收征管与补贴取消措施的透明度与公开度，以回击美国贸易办公室对我国税收制度公开的长期质疑与偏见。笔者认为，此种质疑与偏见是信息沟通机制不畅所导致的，这严重阻塞了中外贸易正常交流与开展的通道，信息披露机制的不健全导致美国不信任我国履行了加入 WTO 之时在推动贸易自由方面所作的承诺。关于这一点，应当在新片区制度设计之时予以避免，在信息沟通方面遵循 WTO 要求的透明度原则。笔者建议应在新片区管委会率先试点完善信息公开，在官网与电子政务服务平台上及时公布政府税收征管的法律依据与优惠政策，以及取消补贴机制的措施，完善政企之间交流的机制，从而最大限度地避免被外国政府抓住此类问题而“大做文章”，通过发布《中国执行世界贸易组织承诺年度报告》干涉我国内政，甚至将其“政治化”，成为攻击我国政府不履行 WTO 入世承诺以及采取贸易报复措施的“口实”。

## 二、加强服务贸易重点领域法治保障，全面深化制度创新内涵

如上文所述，当前国际贸易发展的重点已经从单纯的货物贸易向服务贸易转型，笔者建议，新片区在推动贸易领域的改革时应以服务贸易为重

心，实现制度的创新与升级，围绕《上海市全面深化服务贸易创新发展试点实施方案》中提及的“健全跨境科技服务体系”“拓宽跨境金融服务”“提升文化旅游服务”等相关要求，全面探索重点领域转型升级，围绕新片区《总体方案》中提及的文化服务、技术产品、信息通讯、医疗健康以及跨境电商等重点领域推动服务贸易的自由化与便利化。建议在未来《新片区条例》修改之时，围绕上述重点领域加强制度创新与升级，通过法律的形式将实施方案的原则与制度予以固化。

第一，针对重点领域出台企业所得税优惠政策。在跨境科技服务领域，对在新片区范围内设立的引进国际先进的集成电路、人工智能、生物医药、民用航空、碳排放、环保检验检测技术的相关企业实施相应的减免税政策，将其应缴纳的企业所得税从应纳税所得额的25%降低到15%，并颁布相应的实施细则，明确享受该项税收优惠政策的前提条件，即以其利用引进的集成电路、人工智能、生物医药等国际先进技术而实施的产业项目为主营项目，且其主营业务收入占收入总额的70%以上。上述总机构与总公司设立在新片区范围内的企业，对于符合上述条件的总机构、总公司与分支机构、子公司适用15%的优惠税率；总机构与总公司设立在新片区范围外，但是分支机构、子公司设在新片区内的企业，仅对于符合上述条件的分支机构与子公司适用15%的优惠税率。同时，设立上海自贸区新片区企业所得税优惠目录，将上述集成电路、人工智能、生物医药、民用航空、碳排放、环保检验检测技术列入其中，待时机成熟之时，将相关跨境金融、文化旅游、信息通讯、医疗健康与跨境电商产业也逐步纳入其中。换言之，对于新片区范围内符合条件的从事关键环节重点领域生产研发的企业按15%税率征收企业所得税，这样有利于鼓励更多的境内高科技类、环保类、金融类、文化旅游类、信息通讯类与医疗类等相关企业在自贸区新片区范围内设立分支机构乃至总机构，以及吸引更多的境外企业在新片区范围内实现高新技术的落地转换与跨境金融、文化旅游、信息通讯、医疗健康等相关服务贸易的境外交付。

第二，针对重点领域加强风险防控与安全监管。笔者建议，新片区管委会充分落实新片区《总体方案》的要求，成立新片区贸易风险防控与安全监管中心，集风险监测、预警、决策、协同与防控等各项职能于一体，加强与银行、证监会、银保监会、海关与外汇管理局等职能机构之间的联系与协调。重点在跨境科技服务领域建立技术进出口监测体系，在风险研判和防控中加强信息技术应用，特别是对金融科技在跨境业务中的应用水平建立联防联控机制，实施严格监管、精准监管、有效监管。在跨境金融服务领域进一步完善风险防控体制机制，支持符合条件的保险机构开展外汇寿险业务，以及在依托自由贸易账户开展保险跨境业务创新的同时，对相关保险机构加强外商投资安全审查、反垄断审查的管理措施；支持符合条件的外资银行开展国债期货交易以及相关衍生品业务，为跨境贸易提供人民币融资服务与支持平台，以及支持符合条件的内外资机构设立银行卡清算机构的同时，强化行业管理、用户认证、行为审计等管理措施，建立知识产权、国际公约、跨境资金等特殊领域的风险精准监测机制，实现全流程的风险实时监测和动态预警管理。

另外，对于新片区重点推动的生物医药产品、技术产品、跨境电商产品的进出口，应予以严格监管。对于受到管制货物的进出口，建立特殊物品管理服务平台，守住“一线”国门安全、“二线”经济社会安全，高标准建设智能化监管基础设施，实现监管信息互联互认共享，尤其是加强进境安全管理，对新片区进境货物实行“两段准入”监管模式。对于具有重大疫情、高风险商品安全等重大紧急或放行后难以管控的风险，依法实施“准许入境”监管；对非高风险商品检验、风险可控的检疫等其他风险可依法实施“合格入市”监管。

第三，在重点领域强化知识产权法律保障。笔者建议充分落实《上海市全面深化服务贸易创新发展试点实施方案》的要求，在成立创建国家版权创新发展基地的基础之上，成立新片区知识产权交易中心，推动新片区知识产权保护与证券、保险与融资制度的相互融合与协同创新，尤其是支持知识产权证券化产品发展，健全知识产权评估体系，完善风险补偿机制，推广知识产权质押融资模式，加大知识产权保险产品开发和推广力度，进一步发挥保险的风险保障作用。对于国际先进的集成电路、人工智能、生物医药、民用航空、碳排放、环保检验检测技术关键技术的进口，新片区知识产权交易中心应着力健全适应市场要素高效配置的技术权益交易制度体系，遵循"知识产权发生地"原则，并进行注册登记。简言之，即使该公司尚未在新片区范围内登记，只要实施该知识产权的行为在新片区内，即可在新片区登记该知识产权，从而突破注册地限制。在知识产权监测、交易服务、促进应用等多方面开展探索，牵头支持优秀原创文化内容在沪首发，举办授权展会，推动高质量中医药专利权的批量登记与严格审查，为国家中医药服务出口基地的认定与建设提供帮助。

第四，在重点领域简化行政审核与登记程序，填补政策漏洞。概言之，一方面，应推进审批流程的简化与准入门槛的降低，让更多新片区企业享受政策的红利与实惠；另一方面，也应完善企业信用评价制度的建设，防范不法企业钻政策空子从而获取不正当利益。

就前者而言，笔者建议充分落实《上海市全面深化服务贸易创新发展试点实施方案》的要求，在新片区探索尝试生物医药进口许可的便利化试点，对于已经获得国际认证的新冠疫苗与重大疾病治疗药物的进口，在新片区登记的进口企业可以凭进口合同、技术文件、卫生证明等资料直接向市卫健委申请办理自动进口许可证，办理时限均不超过 5 个工作日；加快上海国际艺术品保税服务中心建设，优化艺术品快速通关及保税仓储服务，充分落实上海国检局发布的《关于深化检验检疫监管模式改革支持上海自贸试验区发展的意见》，出台针对文化艺术品管理办法与风险评估规定，对于国宝级的文化艺术品与人类文化遗产（例如圆明园内被掠夺的文物归国），不仅无须办理 CCC 认证的特殊监管措施，而且凭艺术品证明文件直接通关，不必在进境文化艺术品专项查验场站进行强制检验检疫，从而避免很多艺术品长期滞留在新片区内直至最后放弃被引入国内市场交易；为办好一批国际顶级赛事，支持更多国际高水平电竞比赛以及国际性医学类会议、论坛在沪举办，简化赛事与会议的审批流程，承办者可以通过相关平台提交大型比赛与会议的申请材料，新片区公安机关通过平台进行预审，并及时将预审意见反馈给承办单位，对场地单位的资质证明(营业执照副本复印件、法人身份证复印件)、方案预案等材料，每年收取一次，在申请每项比赛或会议时，不再要求承办者重复提交；同时，效仿海南自贸港的做法，将“医疗机构设置审批”和“医疗机构执业登记审批”进行“两证合一”；借鉴博鳌乐城国际医疗旅游先行区极简审批模式，大幅度压缩审批时限至10个工作日，效仿海南省药品监督管理局的做法，将第三类《医疗器械经营许可证》核发、延续、补发、注销、变更、登记事项变更、第二类医疗器械经营企业备案、备案凭证变更、凭证补发等医疗事项审批选项适时下放至浦东新区卫健委；将社会办医疗机构的大型医用设备配置许可和外国医疗团体来华短期行医审批改为备案制。

就后者而言，对于上述从事生物医药进口商、艺术品经营者、大型赛事与会议承办商以及医疗机构等新片区贸易公司与服务机构建立黑名单与白名单制度，并完善信用评价基本规则和标准，实施经营者适当性管理，按照“守法便利”原则对上述新片区企业进行分级分类，把信用等级作为企业享受优惠政策和制度便利的重要依据。建立主动披露制度，在新片区官网上及时披露失信名单，并落实市场禁入和退出制度，完善商事登记与优惠政策撤销制度。若企业具有严重失信行为1次以上(例如提供虚假证明资料办理新冠疫苗或国宝级艺术品的进口手续)或重大失信行为2次以上(例如提供虚假文件资料申办大型比赛或会议，设立医疗机构)，新片区市场监管部门可依法撤销登记，并发布强制退出的公告或通知；对于具有多次一般失信行为的(例如以欺骗、贿赂、隐瞒等不正当手段取得《医疗器械经营许可证》核发、延续等事项或享受税收优惠的)，可按照情节轻重对其作出相应的行政处罚，新片区管委会可要求企业退还之前减免税的利益。

## 三、压缩新片区负面清单范围，更新新片区负面清单事项

如上文所述，未来自贸区以服务贸易为发展重点意味着在自贸区新片区范围之内进一步拓展服务贸易的内涵与边界基础之上，制定更加精简的、对接国际标准的新版负面清单，进一步压缩新片区范围内施行的跨境

服务贸易负面清单目录，通过自贸区新片区法治措施的进一步实施与深入，从根本上改善自贸区新片区开展服务贸易的营商环境。

对比上海版与海南版跨境贸易负面清单事项，两者既存在共通之处，也存在差异之处，经笔者的梳理，对于存在共通之处的部分（涉及上海版负面清单的总计 47 项），有可能是上海版负面清单一项对应海南版负面清单一项，可能是上海版负面清单多项对应海南版负面清单一项，也可能是上海版负面清单一项对应海南版负面清单多项，但其中仅仅有 10 条是完全一致或基本一致的（上海版负面清单第 42 项对应海南版负面清单第 16 项，第 43 项对应第 17 项，第 46 项对应第 20 项，第 54 项对应第 26 项，第 55 项对应第 29 项，第 75 项对应第 24 项，第 79 项对应第 33 项，第 81 项对应第 36、37 项，第 89 项对应第 48 项，第 148 项对应第 68 项）。笔者建议，上海版跨境服务贸易负面清单在未来修改之时，对于上述 10 条负面事项依然予以保留，暂时不作进一步修改。其余存在共同之处的负面事项（总计 37 条）依然在表述上存在一定差异，笔者在前文中已将存在差异之处用粗体字标出。总体而言，关于此种差异化的表述，由于海南版负面清单制定的时间更晚，更具时效性，因此，相关负面事项的表述更为完整与周延。笔者建议，上海版跨境服务贸易负面清单在未来修改之时，对于此类存在共通之处的条款，应在当前法律法规的框架下，对照海南版负面清单的表述予以更新与完善。具体而言：

第一，上海版负面清单部分条款可以参照海南版负面清单加入“但书类规定”与“限定性表述”，一方面充分结合新片区推动贸易自由改革的现实需要“留一道口子”，另一方面也有利于避免与上位法和国际公约冲突。例如，负面清单第 1 项可以补充但书规定“同中国订有条约、协定的，按照条约、协定办理”；第 26 项可以补充但书规定“如中国与船籍所属国另有协定，则先遵守相关协定规定”；第 27 项可以补充但书规定“境外服务提供者为履行共同打捞合同所需船舶、设备及劳务，在同等条件下，应当优先向中方打捞人租用和雇佣”；第 39 项可以补充限制条件“且完成训练合格的驾驶员回国按照简化程序换取中国民航相应驾驶员执照”；第 44 条可以补充限制条件“取得电信业务经营许可证”；第 45 条可以补充限制条件“并经工业和信息化主管部门批准设立”；第 47 条可以补充限制条件“应在遵守中国卫星无线电频率管理的规定，并完成与中国申报的卫星无线电频率协调的前提下”；第 77 条可以补充限制条件“依据中国法在中国设立的”以及但书规定“海南律师事务所聘请外籍律师担任外国法律顾问和港澳律师担任法律顾问除外”；第 84 条可以补充限定条件“以境外律师事务所驻华代表机构以外的”；第 101 条可以补充但书规定“但须与中方专业机构合作。法定规划以外的城市设计和法定规划编制的前期方案研究，可不受此限制”；第 120 条可以补充限制条件“除与中方教育考试机构合作举办面向社会的非学历的教育考试外”；第 123 条可以补充限制条件“并确保中方的经营主导权和内容终审权，并符合中国政府批复的其他条件”；第 125 条可以补充限制条件“未经审核许可，境外服务提供者不得复制音像制品、电子出版物”；第 124 条可以补充限制条件“但不限于通过通讯社、报纸、期刊、广播电台、电视台提供的新闻服务”，“仅从事新闻采访工作”以及但书规定“经中国政府批准且在确保中方主导的条件下……经中国政府批准……向境内通讯社供稿”；第 129、131 与 132 条补充但书规定“中国加入世贸组织承诺内容除外”；第 142 条加入但书规定“广播电台、电视台以卫星等传输方式进口、转播境外广播电视节目，必须经中国广播电视行政部门批准……须符合有关时间比例、时段安排等规定”。

第二，上海版负面清单可以参照海南版负面清单进一步缩小负面条款的覆盖领域与禁止事项，从而尽可能降低相关行业的准入门槛。例如，负面事项第 17 条中的“外国国际道路运输经营者”禁止从事的领域从“中国国内道路旅客和货物运输经营与自行承揽货物或者招揽旅客”限缩为不得“从事起讫地在中国境内的道路旅客运输经营”；第 37 条“境外计算机订座系统”进入和使用的主体从原有的“境外航空运输企业的销售代理”扩展至“中国航空运输企业”，同时增设两种许可情形，即“与中国航空运输企业和中国计算机订座系统订立协议”“根据双边航空协定”；第 62 条中“从事期货投资咨询业务”的主体从原有的“证券经营机构、期货经纪机构”等相关机构扩展至“在新片区内居住的境外个人”；第116条取消“各级各类学校(除高等学校)一般不聘请外籍教师来校任教”的禁止性表述，修改高等学校聘请专家、外教的限制性条件，统一表述：“境外个人教育服务提供者受自贸区新片区内学校和其他教育机构邀请或雇佣，可入境提供教育服务，须具有学士以上学位，且具有相应的专业职称或证书”；第134条取消“聘用外国人参加广播影视节目制作的单位”的限定，取消“广播电台、电视台不得聘请外国人主持新闻类节目”的禁止性要求，改为向广播电视行政部门报批或备案；第137条取消“国产故事片原则上不得聘用境外导演”的禁止性规定。

第三，上海版负面清单部分条款可以参照海南版负面清单对部分模糊表述作出细化规定与明确。例如，负面清单第62条应明确从事证券业务的范围包括“(1)证券经纪；(2)证券投资咨询；(3)与证券交易、证券投资活动有关的财务顾问……”；第112条应明确“外国医师来华短期行医”的执业范围、注册期限以及延期许可的规定；第137条应将“中外合作摄制故事片”之时有关演员比例要求明确为“主要演员中聘用境外的主角和主要配角均不得超过主要演员总数的三分之一”；第138条应将“在中国境内从事中外合作制作电视剧(含电视动画)活动”之时有关主创人员(编剧、制片人、导演、主要演员)比例要求确定为中方人员不得少于25%；第139条应将“中外合作摄制电影片”之时“有关演员比例要求”明确为“除已有特别协议规定的国家和地区外，境外主要演员数量不得超过主要演员总数的三分之二”。当然，对于上海版负面清单比海南版负面清单规定得更为细致的、负面事项覆盖领域更小的条款，依然不作修改。例如，负面清单第90条关于允许合资经营设立专门的人才中介机构的规定；第96、97、102~105条关于“测绘、气象、水文、地震及生态环境监测等”活动的细致化规定；第116条关于允许宗教院校聘用外籍专业人员的规定；第140条关于尚未对单个网站年度境外电影、电视剧作出总量限制以及要求报批的程序性规定。

对于上海版与海南版跨境服务贸易负面清单存在差异之处的部分(涉

及上海版负面清单的总计 112 条），笔者建议，应结合上海推进“五个中心”建设与落实自贸区新片区战略发展需求的时代大背景，在不突破与不违背当前法律法规总体原则与规则的前提下，对照海南版跨境服务贸易负面清单，对上述 112 条负面清单事项作出适当修改与删减。

例如，取消建筑业所有负面条款，铁路运输业所有负面条款，道路运输业第 15、16、18 项负面条款，水上运输业第 19、20、22、24、25 与 28 项负面条款，多式联运和运输代理业所有负面条款，软件和信息技术服务业所有负面条款，资本市场服务第 60、65、70、73 条负面条款，商务服务业第 86~88、91、93 项负面条款，科技推广和应用服务业所有负面条款，居民服务、修理和其他服务业所有负面条款，教育第 117、119、121 项负面条款，新闻和出版业有关负面条款，广播、电视、电影和影视录音制作业第 141、143、144 条负面条款，文化艺术业第 146、147 条负面条款，体育所有负面条款。

当然，对于一些涉及我国生物安全、新闻出版、国民健康、意识形态、领海、领空主权、公民个人信息等领域的重要负面条款依然应予以保留。例如，出于保护我国生物资源多样性与卫生安全检疫的考虑，应保留农、林、牧、渔专业及辅助性活动第 1、2、4 项负面条款；出于传播优秀传统文化与正能量以及确保医疗器械和临床药物的安全性，应保留批发和零售业所有负面条款；出于保护内海和领海主权的需要，应保留水上运输业第 23 项。出于保护领空的主权与安全需要，应保留航空运输业第 29~36、38、40 项负面条款；出于防范境外不良文化入侵与抑制非法信息传播的考虑，应保留电信、广播电视和卫星传输服务第 48~50 项负面条款，教育第 118 条，新闻和出版业第 125~128、130、133 条，以及广播、电视、电影和影视录音制作业第 135、136、145 条；出于保护我国公民个人信息与金融信息的需要，应保留互联网和相关服务所有负面条款与货物金融服务第 53 项负面条款；出于防范资金流动风险与安全监管的考虑，应保留资本市场服务第 56~59、61、63、64、66~69、71、72 与 74 条负面条款，保险业第 76 条负面条款，其他金融业第 78、80、82、83 项负面条款，以及娱乐业所有负面事项；出于职业资格准入的考虑，应保留商业服务业第85、94条，专业技术服务业第99、100、106项负面条款，以及有关职业资格的限制措施与所有服务部门；出于保护国土资源与安全的考虑，应保留研究和试验发展第95、98条，水利、环境和公共设施管理业所有负面条款，以及文化艺术业第149条。另外，对于海南版负面清单特有的负面事项则不再予以考虑列入上海版负面清单。

# 第四章

# 上海自贸区临港新片区“资金自由”主要政策与法律制度

## 第一节　预期目标与实施情况的比较

为推动与促进上海自贸区新片区范围内的资金自由，新片区《总体方案》明确提出："实施资金便利收付的跨境金融管理制度。在风险可控的前提下，按照法律法规规定，借鉴国际通行的金融监管规则，进一步简化优质企业跨境人民币业务办理流程，推动跨境金融服务便利化。研究开展自由贸易账户本外币一体化功能试点，探索新片区内资本自由流入流出和自由兑换。支持新片区内企业参照国际通行规则依法合规开展跨境金融活动，支持金融机构在依法合规、风险可控、商业可持续的前提下为新片区内企业和非居民企业提供跨境发债、跨境投资并购和跨境资金集中运营等跨境金融服务。新片区内企业从境外募集的资金、符合条件的金融机构从境外募集的资金及其提供跨境服务取得的收入，可自主用于新片区内及境外的经营投资活动。支持符合条件的金融机构开展跨境证券投资、跨境保险资产管理等业务。按照国家统筹规划、服务实体、风险可控、分步推进的原则，稳步推进资本项目可兑换。先行先试金融业对外开放措施，积极落实放宽金融机构外资持股比例、拓宽外资金融机构业务经营范围等措施，支持符合条件的境外投资者依法设立各类金融机构，保障中外资金融机构依法平等经营。经国家金融管理部门授权，运用科技手段提升金融服务水平和监管能力，建立统一高效的金融管理体制机制，切实防范金融风险。拓展跨境金融服务功能。大力提升人民币跨境金融服务能力，拓展人民币跨境金融服务深度和广度。支持开展人民币跨境贸易融资和再融资业务。鼓励跨国公司设立全球或区域资金管理中心。加快发展飞机、船舶等融资租赁业务，鼓励发展环境污染责任保险等绿色金融业务。"

围绕《总体方案》提出关于实现“资金自由”的具体目标与分解任务，上海自贸区临港新片区陆续出台了多项试点政策与创新案例，取得了初步成效。2021年8月，市委领导在市政府新闻发布会上介绍了临港新片区成立两年以来制度创新总体情况，其中涉及资金自由领域的主要内容为，“在全国率先取消外商直接投资人民币资本金专户，率先开展境内贸易融资资产跨境转让、本外币合一跨境资金池、一次性外债登记、高新技术企业跨境融资便利化额度等试点。揭牌至今，纳入跨境结算便利化白名单企业已有350家，开工建设‘滴水湖金融湾’，加快建设国际金融资产交易平台、大宗商品保税仓单注册登记中心，打造跨境金融服务新高地”。《若干意见》指出，“未来上海自贸区新片区将推进金融开放创新发展，推动完善全球资源配置功能，建设亚太供应链管理中心，加大金融改革创新力度，积极发展人民币离岸交易，提升金融服务实体经济能级，研究建设科技保险创新示范区”。

对比《总体方案》设定的预期目标与实施情况，不难发现，当前临港新片区在推动与促进“资金自由”方面的制度探索与规则创新方面依然存在诸多缺失与不足，主要体现在以下几个方面：(1) 金融基础设施建设不完善，对于资金自由流动的平台支撑不足；(2) 人民币国际化改革进程迟缓，制度创新与风险控制尚未实现平衡；(3) 跨境金融服务实施现状不佳，外资控股比与经营范围改革力度不足。

## 第二节　主要问题的分析

### 一、金融基础设施建设不完善，对于资金自由流动的平台支撑不足

2015年，由中国人民银行、商务部、上海市政府等多个政府部门联合发布的《进一步推进中国(上海)自由贸易试验区金融开放创新试点加快上

海国际金融中心建设方案》(即“新金改40条”)提出将在自贸区范围内建设八大金融交易平台，分别为面向机构投资者的非标资产交易平台、中国外汇交易中心国际金融资产交易平台、上海黄金交易所国际业务板块、上海证券交易所国际金融资产交易平台、上海期货交易所国际能源交易中心、上海保险交易所、上海清算所(提供航运金融和大宗商品场外衍生品的清算)、股权托管交易机构(提供综合金融服务)。但到目前为止，真正建成的只有上海黄金交易所黄金国际板、上海期货交易所国际能源交易中心和上海保险交易所，其他平台建设的进度较为缓慢。①

如上文所述，新片区已经开始着手建设“滴水湖金融湾”，国际金融资产交易平台、大宗商品保税仓单注册登记中心等重要金融产品交易平台，在金融基础建设方面取得了一定的进展。但上述平台的构建无论是从建设进度的透明性，还是从构建目的明确性及其功能定位差异化的角度考虑，均不甚理想。换言之，上述金融基础设施与交易平台何时能够建成并投入应用？相关配套机制是否完善？新片区金融基础设施的功能定位与现有的自贸区以及陆家嘴金融交易平台之间有何差异性？相比陆家嘴金融交易平台提供标准化金融服务，新片区金融基础设施的优势何在？尤其是新片区重点发展的集成电路、智能制造、生物医药、民用航空等相关产业领域，未来新片区金融交易平台能否为相关企业的跨境金融与投融资提供良好的资金支持与优惠政策？在航空航运领域，新片区金融基础设施能否提供更为便捷的离岸金融与融资租赁服务？就当前新片区构建金融交易平台的实施现状而言，对相关先导产业、支柱产业、新兴产业的联动融合以及资金自由流动的平台支撑效应尚不明显。

2021年7月，中共中央、国务院颁布的《关于支持浦东新区高水平改革开放打造社会主义现代化建设引领区的意见引领区意见》(以下简称《引领区意见》)明确规定，“建设海内外重要投融资平台。支持在浦东设立国

① 肖本华. 上海自贸试验区临港新片区发展金融交易平台思路和举措[J]. 科学发展，2020，140(07)：32.

际金融资产交易平台……拓展跨境融资空间。推进在沪债券市场基础设施互联互通。加快推进包括银行间与交易所债券市场在内的中国债券市场统一对外开放……”；“完善金融基础设施和制度。研究在全证券市场稳步实施以信息披露为核心的注册制，在科创板引入做市商制度。发挥上海保险交易所积极作用，打造国际一流再保险中心。支持上海期货交易所探索建立场内全国性大宗商品仓单注册登记中心……建设国家级大型场内贵金属储备仓库。建设国际油气交易和定价中心……构建贸易金融区块链标准体系，开展法定数字货币试点……适时研究在浦东依法依规开设私募股权和创业投资股权份额转让平台……支持在浦东设立国家级金融科技研究机构、金融市场学院。支持建设覆盖全金融市场的交易报告库”。

不难发现，新片区现有金融基础设施以及综合配套改革机制与《引领区意见》的发展目标和实施标准存在较大差距，虽然该意见的颁布并非单独适用于自贸区新片区，但作为金融制度创新与先行先试的“试验田”，理应率先开展试点加强金融基础设施的建设与完善，尤其是具有新片区优势特色，体现新片区产业优势的金融交易平台亟待构建与强化，从而为今后在新片区范围内人民币国际化的逐步实现、跨境金融服务的有序发展以及离岸金融、融资租赁产业的全面突破提供帮助与支撑。

## 二、人民币国际化改革进程迟缓，制度创新与风险控制尚未实现平衡

人民币国际化的核心在于人民币资本项目是否可自由兑换，因此，新片区制度改革的关键就在于确保人民币跨境自由流通与交易，使之成为国际上普遍认可的计价、结算及储备货币；具有为居民或非居民提供价值储藏、交易媒介和记账单位的功能。① 这也是新片区《总体方案》所提要求的“实施资金便利收付的跨境金融管理制度。按照法律法规规定，借鉴国际通行的金融监管规则，进一步简化优质企业跨境人民币业务办理流程……

① 张涛. 人民币自由化最后一步[N]. 经济观察报，2015-06-08(004).

稳步推进资本项目可兑换……”的具体落实。

自1996年我国正式宣布接受国际货币基金组织(IMF)第8条实现人民币经常项目可兑换以来，距今已有28年时间，但从目前国际金融体制机制改革的现状与新片区金融法律法规发展的趋势上分析，在资本项目下完全开放自由兑换的目标任重而道远，造成此种困境与问题的症结在于国家财政、金融主管部门对于资本项目可兑换的制度创新与风险控制之间的平衡点尚未形成统一认识。

在新片区《总体方案》实施之前，我国在资本项目项下仅仅实现了部分子项目的可兑换，其中直接投资项下业务已基本可兑换或可兑换，其中基本可兑换2项，可兑换1项；不动产交易与个人资本交易项目分为不可兑换、部分可兑换、基本可兑换与可兑换四种情形，其中不可兑换2项，部分可兑换5项，基本可兑换3项，可兑换1项，其中资本项目的基本可兑换与可兑换项目数量占总数的36.36%；资本市场证券等涉及实体部门下的业务同时为不可兑换、部分可兑换、基本可兑换与可兑换四种情形兼而有之，其中不可兑换1项，部分可兑换4项，基本可兑换2项，可兑换1项，其中资本项目下的基本可兑换与可兑换项目数量占总数的37.5%；货币市场工具、集体投资者证券、衍生工具与信贷投资项等涉及金融部门下的业务之中，不可兑换3项，部分可兑换10项，基本可兑换4项，可兑换1项，其中资本项目下的基本可兑换与可兑换项目数量占总数的27.78%。从总体上分析，除了直接投资项下的业务之外，金融部门资本项目可兑换程度相对较低，实体部门资本项目以及不动产交易与个人资本交易项目可兑换程度略高。这一点在新片区方案颁布之后依然延续，尚未就上述资本项目不可兑换、部分可兑换以及基本可兑换领域出台与实施进一步的开放政策与准入制度。总体而言，当前新片区金融制度改革依然迟缓，尚未实现资本项目项下的全面可兑换与最终意义上的人民币国际化。

总结当前人民币资本项目的开放情况与实施状况，如表4-1所示。

**表 4-1**

| 项目 | 子 项 目 | | | 现状评估 | 备　注 |
|---|---|---|---|---|---|
| 一、资本和货币市场工具 | 1. 资本市场证券 | 股票或有参股行政的其他证券 | 非居民境内买卖 | 部分可兑换 | 合格机构投资者 |
| | | | 非居民境内发行 | 不可兑换 | 无法律明确允许 |
| | | | 居民境外买卖 | 部分可兑换 | 合格机构投资者 |
| | | | 居民境外发行 | 可兑换 | |
| | | | 非居民境内买卖 | 基本可兑换 | 银行间债权市场对境外机构投资者全面开放 |
| | | 债权和其他债务证券 | 非居民境内发行 | 部分可兑换 | 准入条件与主体限制 |
| | | | 居民境外买卖 | 部分可兑换 | 合格机构投资者 |
| | | | 居民境外发行 | 基本可兑换 | 登记管理 |
| | 2. 货币市场工具 | | 非居民境内买卖 | 部分可兑换 | 合格机构投资者 |
| | | | 非居民境内发行 | 不可兑换 | 无法律明确允许 |
| | | | 居民境外买卖 | 部分可兑换 | 合格机构投资者 |
| | | | 居民境外发行 | 可兑换 | |
| | 3. 集体投资者证券 | | 非居民境内买卖 | 部分可兑换 | 合格机构投资者 |
| | | | 非居民境内发行 | 部分可兑换 | 内地与香港基金互认 |
| | | | 居民境外买卖 | 部分可兑换 | 合格机构投资者 |
| | | | 居民境外发行 | 部分可兑换 | 内地与香港基金互认 |
| 二、衍生工具和其他工具 | 4. 衍生工具和其他工具 | | 非居民境内买卖 | 部分可兑换 | 可投资产品包括股指期货、特定品种商品期货、外汇衍生品等 |
| | | | 非居民境内发行 | 不可兑换 | 无法律明确规定 |
| | | | 居民境外买卖 | 部分可兑换 | 合格机构投资者与其他符合监管要求的企业 |
| | | | 居民境外发行 | 不可兑换 | 无法律明确规定 |

续表

<table>
<tr><th>项目</th><th colspan="3">子　项　目</th><th>现状评估</th><th>备　　注</th></tr>
<tr><td rowspan="6">三、信贷业务</td><td colspan="2" rowspan="2">5. 商业信贷</td><td>居民向非居民提供</td><td>基本可兑换</td><td>余额管理与登记管理</td></tr>
<tr><td>非居民向居民提供</td><td>部分可兑换</td><td>中资企业借用外债面临严格的审批条件和约束</td></tr>
<tr><td colspan="2" rowspan="2">6. 金融信贷</td><td>居民向非居民提供</td><td>基本可兑换</td><td>余额管理与登记管理</td></tr>
<tr><td>非居民向居民提供</td><td>部分可兑换</td><td>中资企业借用外债面临严格的审批条件和约束</td></tr>
<tr><td colspan="2" rowspan="2">7. 担保、保证和备用融资便利</td><td>居民向非居民提供</td><td>基本可兑换</td><td>事后登记管理</td></tr>
<tr><td>非居民向居民提供</td><td>基本可兑换</td><td>额度管理</td></tr>
<tr><td rowspan="2">四、直接投资</td><td colspan="2" rowspan="2">8. 直接投资</td><td>对外直接投资</td><td>基本可兑换</td><td>行业与部门仍有限制</td></tr>
<tr><td>对内直接投资</td><td>基本可兑换</td><td>需经商务部门审批</td></tr>
<tr><td>五、直接投资清盘</td><td colspan="2">9. 直接投资清盘</td><td>直接投资清盘</td><td>可兑换</td><td></td></tr>
<tr><td rowspan="3">六、不动产交易</td><td colspan="2" rowspan="3">10. 不动产交易</td><td>居民在境外购买</td><td>基本可兑换</td><td>与直接投资要求一致</td></tr>
<tr><td>非居民在境内购买</td><td>部分可兑换</td><td>商业存在和自住原则</td></tr>
<tr><td>非居民在境内出售</td><td>可兑换</td><td></td></tr>
<tr><td rowspan="2">七、个人资本交易</td><td rowspan="2">11. 个人资本转移</td><td rowspan="2">个人贷款</td><td>居民向非居民提供</td><td>不可兑换</td><td>无法律明确允许</td></tr>
<tr><td>非居民向居民提供</td><td>不可兑换</td><td>无法律明确允许</td></tr>
</table>

续表

| 项目 | 子项目 | | | 现状评估 | 备注 |
| --- | --- | --- | --- | --- | --- |
| | | 个人礼物、捐赠、遗赠和遗产 | 居民向非居民提供 | 部分可兑换 | 汇兑额度限制 |
| | | | 非居民向居民提供 | 部分可兑换 | 汇兑额度限制 |
| | | 外国移民在境外的债务结算 | 外国移民境外债务的结算 | 基本可兑换 | 一直无限制 |
| | | 个人资产的转移 | 移民向国外的转移 | 部分可兑换 | 大额财产转移需经审批 |
| | | | 移民向国内的转移 | 基本可兑换 | 一直无限制 |
| | | 博彩和中奖收入的转移 | 博彩和中奖收入的转移 | 部分可兑换 | 无明确限制 |

同时，从实现资本项目开放的路径与方式来看，构建跨国公司本外币一体化跨境资金池为资本项目可兑换提供了通道与路径，这已经成为国际通行做法。① 一方面，该举措可以实现跨国公司内部资金自由流动、境内外资金自由流动、经常项目与资本项目资金自由流动、人民币与外币资金自由流动；另一方面，该举措可以充分利用境内外市场与资源优化配置，为实体部门与金融部门资本项目可兑换提供现实的可能性。然而，近年来我国在资金账户本外币一体化功能的探索与改革领域始终停滞不前。对此，新片区《总体方案》要求“研究开展自由贸易账户本外币

① 叶亚飞，石建勋. 中国资本项目开放：进程、影响与实现路径——率先实现实体部门资本项目可兑换的可行性研究[J]. 经济学家，2021，272(08)：78.

一体化功能试点，探索新片区内资本自由流入流出和自由兑换”。《中国（上海）自由贸易试验区临港新片区支持金融业创新发展的若干措施》（以下简称《金融业创新发展的若干措施》）也作出了类似的表述。然而，此项改革措施迟迟未能落地，相应的实施细则与操作指南尚未发布，此种现状也极大阻碍了新片区推动“资金自由”的总体目标与资本项目可兑换的规划设计。

关于人民币国际化改革迟缓的主要原因，笔者认为：第一，新片区金融改革试点缺乏上位法的支持，乃至存在冲突，其中就涉及《外汇管理条例》的相关规定。自贸区曾出台的跨境担保限制放宽并简化登记、直接投资项下登记下放到银行办理等综合试点改革方案均与该条例存在冲突；第二，新片区金融体制机制改革涉及多个中央与地方政府机构，例如央行、证监会、银保监会、财政部、上海市政府与新片区管委会等，无论是从横向还是从纵向的行政区划管理与职能监管的角度出发，同级政府机构与上下级行政部门之间的协调与分工也极大制约了新片区金融试点改革与人民币资本项目开放的进程。

但笔者认为，最重要的原因还在于人民币国际化进程背后所蕴藏的制度隐患与监管风险。在我国加入世贸组织之后，大量外资涌入对金融行业的冲击是毋庸置疑的，尤其是当前金融行业正面临 WTO 所提倡的金融自由化理论的消解与影响。从正面意义上看，人民币国际化有利于减少汇率风险，促进我国跨境投资与国际贸易的发展，助推我国金融运行与金融监管标准与国际同行保持一致。但是从负面意义上看，首先，人民币国际化将使我国金融机构失去大量的市场份额与金融业务，造成国内金融人才向外资金融机构大量流动；其次，国内金融市场逐步融入全球也意味着更加容易受到国际金融市场剧烈动荡的影响与波及，其中涉及人民币快速流出与回流风险；最后，人民币国际化进程中将面临金融监管风险，对境外人民币现金需求和流通监测难度的加剧将加大央行对人民币现金的管理风险，从而引发非法活动如走私、赌博、贩毒，影响我国金融市场的稳定与发展。

因此，我国金融制度的改革不能全面推行，需要在自贸区新片区范围内先行试点，再向自贸区以及自贸区以外的地区进行推广，从而将人民币国际化对于国内金融市场的冲击与影响，尤其是负面效应降到最低；通过自贸区以及新片区试点工作的开展进一步适应我国金融市场参与全球金融行业竞争与合作的进程，为我国金融市场在未来融入全球金融市场的竞争提供坚实的理论基础与制度前提。但问题就在于资本项目项下相关子项目开放的广度与深度究竟多大，如何才能实现人民币国际化制度创新与风险防范之间的平衡。

## 三、跨境金融服务实施现状不佳，外资控股比与经营范围改革力度不足

除了金融基础设施的建设与人民币国际化改革路径的推进，跨境金融服务的实施同样至关重要，良好的投融资环境有助于为新片区企业的设立与经营乃至新片区内部企业与跨境平台的资金自由流动提供良好的制度保障与政策支撑。然而，就当前我国跨境金融服务的制度创新与实施现状而言，改革成效依然不够显著，集中体现为外资控股比与经营范围改革力度严重不足。对此，新片区《总体方案》特别强调，“为新片区内企业和非居民跨境金融服务的提供，支持金融机构开展跨境证券投资、跨境保险资产管理等业务，放宽金融机构外资持股比例、拓宽外资金融机构业务经营范围”。《特殊支持政策的若干意见》也有类似的表述，“为新片区内企业和非居民提供跨境发债、跨境投资并购和跨境资金集中运营等跨境金融服务……为新片区内企业开展离岸转手买卖业务提供高效便利的跨境金融服务”。然而，对自贸区跨境投资贸易负面清单作出分析，在新片区内实施的关于放宽外资金融机构控股比的限制、扩大跨境金融服务范围的举措依然有待改进与提升，严重影响了新片区推动资金自由流动政策的成效。如上文所述，涉及跨境金融服务的负面事项如表4-2所示。

**表 4-2**

| |
|---|
| 54. 在中国境内从事货币经纪业务，须为中国货币经纪公司 |
| 55. 除以下情形，在中国境内经营证券业务，须为中国证券公司：<br>(1)经批准取得境外上市外资股(B股)业务资格的境外证券经营机构可通过与境内证券经营机构签订代理协议，或者证券交易所规定的其他方式从事境内上市外资股经纪业务；<br>(2)经批准取得境内上市外资股业务资格的境外证券经营机构担任境内上市外资股主承销商、副主承销商和国际事务协调人；<br>(3)境外证券服务机构代理合格境内机构投资者买卖境外证券；<br>(4)符合法定条件的境外投资顾问代理合格境内机构投资者进行境外证券投资；<br>(5)符合法定条件的境外资产托管人代理境外资产托管业务 |
| 62. 仅依据中国法成立的证券经营机构、期货经纪机构、其他从事咨询业务的机构经批准可从事证券、期货投资咨询业务 |
| 75. 在中国境内经营保险业务，须为中国保险公司及法律、行政法规规定的其他保险组织；以境外消费方式提供的除保险经纪外的保险服务不受上述限制，以跨境交付方式提供的下列保险服务，不受上述限制：再保险；国际海运、空运和运输保险；大型商业险经纪、国际海运、空运和运输保险经纪、再保险经纪 |
| 77. 仅中国期货公司可根据国务院期货监督管理机构按照其商品期货、金融期货业务种类颁发的许可证，经营下列期货业务：境内期货经纪业务、境外期货经纪、期货投资咨询以及国务院期货监督管理机构规定的其他期货业务；仅中国期货公司可根据国务院期货监督管理机构的要求，在依法登记备案后，从事资产管理业务 |
| 79. 在中国境内申请期货保证金存管业务资格，须为中国境内设立的全国性银行业金融机构法人 |
| 81. 从事企业年金基金管理业务的法人受托机构、账户管理人、托管人和投资管理人须经金融监管部门批准，并为中国法人 |

经总结，上述涉及新片区的政策性文件与负面清单制度存在的问题主要为以下几个方面：(1)负面清单所涉及的跨境金融服务的事项并未围绕新片区《总体方案》与《特殊支持政策的若干意见》中强调的跨境保险资产管

理、跨境发债、跨境投资并购和跨境资金集中运营等跨境金融服务准入限制放宽与制度保障而展开；换言之，《中国人民银行法》《银行业监督管理法》《商业银行法》《证券法》《保险法》《票据法》《人民币管理条例》依然在新片区范围内适用，跨境金融服务机构的经营范围依然受到了上述法律法规的严格限制，负面清单仅仅在第55条涉及了跨境证券投资准入放宽的部分事项。(2)除了部分证券业务以及以境外交付和境外消费方式提供的部分保险服务之外，上述负面清单并未涉及新片区《总体方案》与《特殊支持政策的若干意见》中提及的放宽金融机构外资控股比的相关事项，在货币经纪、期货投资与基金管理领域的投资准入条件依然较为严格。(3)涉及新片区的相关政策性文件与负面清单政策试点主要是为适应境外投资和离岸业务发展而创设，为将来新片区开展离岸贸易提供制度保障与金融支持，但相关制度尚不成熟，距离发展成熟的离岸金融产业制度更是遥遥无期。从当前的发展趋势来看，离岸金融在当前金融法律制度的框架下发展无法实现，新片区也没有对此予以明确与有所突破。

## 第三节　对策建议的提出

### 一、加强金融基础设施的建设，强化新片区金融产业的聚集效应

如上文所述，当前自贸区内加强金融基础设施的构建思路主要分为三种模式与路径：第一种模式是根据当前国家法律法规在自贸区范围内创设全新的金融交易机构，例如面向机构投资者的非标资产交易平台、上海保险交易所；第二种模式是自贸区外金融机构在自贸区内设置面向境外金融投资者的金融交易平台，例如中国外汇交易中心国际金融资产交易平台、上海黄金交易所国际业务板块、上海证券交易所国际金融资产交易平台、上海期货交易所国际能源交易中心；第三种模式是自贸区外金融机构为新

片区内的相关企业提供相应的金融服务，例如，上海清算所提供航运金融和大宗商品场外衍生品的清算、股权托管交易机构提供综合金融服务等。

经笔者调研，上述金融基础设施正在陆续建设之中，有的已经投入运营，但是从相关平台与机构的实施效果上看依然不容乐观。以面向机构投资者的非标资产交易平台为例，该机构早在2014年就由上海现代服务业联合会自贸区服务贸易展示交易中心、上海联合产权交易所现代服务业资产交易中心在上海自贸区内成立，这也是区内首个服务贸易展示交易、开展非标金融资产交易以及知识产权、教育、体育等产权交易的平台。当初成立之时的设想为：短期内资产交易中心将开展非标金融资产的交易业务，第一块是基于债权的产品，如小微贷款应收款、企业应收账款……第二块是基于收益权的产品，如电力、供水……第三块则包括私募股权、信托产品……长期来看，包括信托资产、租赁资产、P2P、第三方理财等各类资产都可实现线上、线下的展示和交易。但在多年的实际经营过程中，无论是短期设想还是长期规划均未实现，政府也未出台相应的实施细则，从某种意义上讲，该金融平台的运营名存实亡。

即使是运行多年的上海保险交易所的社会影响力也相对有限，该机构成立于2016年，主要经营范围为："为保险、再保险、保险资产管理及相关产品的交易提供场所、设施和服务……协助委托人选择保险经纪公司、保险公司、再保险公司等保险机构及办理相关手续，代理销售保险及相关产品并代理收取费用，提供保险、再保险、保险资产管理的支付、结算……开展与公司业务相关的投资，法律法规允许的其他业务。"然而，无论是从参与保险业务以及相关产品交易的外资企业数量，还是从涉及资金自由流动的保险规则落实的情况上看，该交易所并未达成预期的发展目标。

笔者认为，鉴于第二种与第三种模式均未脱离现有的金融体制机制模式，属于区外金融机构服务职能在新片区内的延伸与拓展，并且部分区外平台属于国家级机构，在新片区内提供服务或设置分支机构可能还涉及央地事权的划分与行政职能的分工问题，从总体上看，新片区金融基础设施的设立与发展依然受制于人。所以，应当首先坚持完善与深化第一种新片区金融创新模式的构建，即根据当前的法律法规创设全新金融机构与平台，尤其是构建新片区重点发展的、具有鲜明产业特色的金融交易平台，从而落实《新片区“十四五”规划》的要求，与陆家嘴金融交易平台实施的标准化金融服务相区分。

第一，针对上海保险交易所与非标准标的平台建设不完善与进度缓慢的情况，应该正视问题的根源，即市场的接受度与认可度不足，重点围绕集成电路、智能制造、生物医药、民用航空等相关产业领域出台综合配套制度，例如在非标资产交易平台创设关于集成电路、生物医药领域等非标金融资产（包括债权、收益权、私募股权、信托资产与租赁资产等）的交易规则与监管机制。例如在上海保险交易所发布关于智能制造、民用航空、海上运输的离岸金融保险制度与融资租赁保险规则（包括保险、再保险、保险资产管理）。第二，对于在自贸区范围内尚未建立的金融交易平台，应当加强推动资金流动的配套政策支持。针对《引领区意见》之中提出的诸如“建设国家级大型场内贵金属储备仓库，建设国际油气交易和定价中心，构建贸易金融区块链标准体系，开展法定数字货币试点，开设私募股权和创业投资股权份额转让平台”的倡议以及《总体方案》中提出的“建设亚太供应链管理中心，研究建设科技保险创新示范区”的建议，新片区应率先作出政策试点与尝试，强化财政税收制度探索，对于积极参与贵金属储备仓库、国际油气交易与定价、区块链标准体系、法定数字货币试点的企业减免部分企业所得税或采取税收返回的措施；同时考虑逐步降低供应链管理中心与科技保险创新示范区的外资准入门槛，允许中外合资与外资企业在上述创新园区设立分支机构与子公司，并取消注册资本限制。

待时机成熟之后，再分阶段、依次在新片区内稳步推进第二种金融资产交易平台（中国外汇交易中心国际金融资产交易平台、上海黄金交易所国际业务板块、上海证券交易所国际金融资产交易平台、上海期货交易所国际能源交易中心）与第三种金融服务（上海清算所提供航运金融和大宗商品场外衍生品的清算、股权托管交易机构提供综合金融服务）的构建与形成。同时，充分结合《引领区意见》所确立的基本原则与实施路径，“上海期货交易所探索建立场内全国性大宗商品仓单注册登记中心，在全证券市场稳步实施以信息披露为核心的注册制，在科创板引入做市商制度，在国际金融资产交易平台拓展跨境融资空间等”。

## 二、加速推动部分资本项目的开放，实现制度创新与风险防范的平衡

针对当前资本项目开放实施进度较为缓慢的问题，以及基本可兑换与可兑换子项目数量偏少的问题，笔者建议可以借鉴《海南自由贸易港法》的经验与做法，“建立适应高水平贸易投资自由化便利化需要的跨境资金流动管理制度，分阶段开放资本项目，逐步推进非金融企业外债项下完全可兑换”，率先实现部分资本项目下可兑换的发展目标，尤其是实体部门资本项目下的可兑换。应当放宽对集成电路、人工智能、生物医药、新能源汽车等相关先导产业、新兴产业与支柱产业的跨境投资与证券发行准入限制，取消审批许可。建议在新片区范围内暂停《外汇管理条例》《证券法》《票据法》等相关法律法规的适用，在未来《新片区条例》以及相关实施细则修改之时，重点放宽原有资本市场证券项下子项目的准入门槛。具体而言，将原有的不可兑换事项(非居民境内发行股票或者其他具有股权性质的证券)变更为部分可兑换事项(设立准入条件与主体限制或者合格境外投资者)；将原有的部分可兑换事项(非居民境内、居民境外买卖股票或者其他具有股权性质的证券，非居民境内发行、居民境外买卖债权和其他债务证券)修改为基本可兑换(进行登记管理)；将原有的基本可兑换事项(非居民境内买卖、居民境外发行债权和其他债务证券)转变为完全可兑换事项。争取在3年之内将实体部门资本项目项下基本可兑换与可兑换子项目比例从37.5%提高到70%以上。

同时，针对不动产交易与个人资本交易涉及自由流动与外汇管理等相对敏感程度较低的资本项目，应当适时在新片区内暂停《房地产管理法》《不动产登记暂停条例》等法律法规的适用，逐步取消行政机关的审批限制

与汇兑额度限制等，力争在3年之内将不动产交易与个人资本交易资本项目下子项目基本可兑换与可兑换比例从36.36%提升到90%以上。最后待时机成熟之时，逐步放宽金融部门资本项目的准入限制与投资门槛，在坚持面向境外合格投资者的基础之上，逐步取消行政机关对于部分子项目准入的审批限制、登记管理与额度管理，力争在5年之内将金融部门资本项目项下子项目基本可兑换与可兑换比例从27.78%提高到50%以上。

考虑到《外汇管理条例》与国家外汇管理局上海分局颁布的《外汇管理细则》在对外担保审批管理和跨境直接投资外汇管理方面存在冲突，例如在对外担保审批管理方面，《外汇管理条例》规定，“提供对外担保，应当向外汇管理机关提出申请，由外汇管理机关根据申请人的资产负债等情况作出批准或者不批准的决定”，而《外汇管理细则》却规定，“区内企业提供对外担保，可自行办理担保合同签约，无需到外汇局申请办理事前行政审批手续”。在跨境直接投资外汇管理方面，《外汇管理条例》规定，“境外机构、境外个人在境内直接投资，经有关主管部门批准后，应当到外汇管理机关办理登记”，而《外汇管理细则》却规定，“直接投资项下外汇登记及变更登记下放银行办理”。从某种意义上讲，在上述资本项目下相关子项目的可兑换缺乏上位法的支持，且《外汇管理细则》效力位阶较低，属于国家外汇管理局上海分局制定的政策性文件，不免令人对《外汇管理细则》放宽资本项目的合法性产生一定质疑。笔者建议，如果在短期内无法在新片区内暂停适用《外汇管理条例》，可以考虑在时机成熟之时修改《外汇管理条例》的相关规定，设定例外条款，“允许自贸试验区与新片区跨境资金流动按照金融宏观审慎原则实施管理，简化自贸试验区与新片区跨境直接投资汇兑与对外担保手续，区内跨境直接投资、对外担保事项与前置核准脱钩”。

同时，应加强资本项目部分开放的路径探索与创新尝试，构建跨国公司本外币一体化跨境资金池，充分落实新片区《总体方案》与《金融业创新发展的若干措施》的相关要求，在新片区范围内尝试本外币账户一体化的政策试点，“鼓励跨国公司在上海设立全球或区域资金管理中心等总部型机构。区内企业从境外募集的资金、符合条件的金融机构从境外募集的资金及其提供跨境服务取得的收入，可自主用于新片区及境外的经营投资活动……在推进建设资金管理中心方面，适当降低开展跨境资金集中运营业务的准入门槛，进一步便利区内企业开展跨境资金双向归集，实现资金集中管理”。笔者建议新片区可以从取消外资控股比、注册资本限制与放宽经营范围三方面入手，大力吸引更多外资在新片区范围内设立全球或区域资金管理中心。

在积极推动新片区内区外资金自由流动目标实现的同时，也应加强跨境资金流动的风险防范，在最大限度上化解金融体制机制改革与资本项目开放所产生的监管风险与制度隐患。在技术层面，运用大数据、云计算与区块链等先进金融科技工具，通过新片区统一金融监管平台实时检测金融机构与企业的资金运行与未来走向，尤其是在使用人民币进行跨境结算与支付的场景。笔者建议新片区金融监管机构可以借鉴上海市金融学会跨境金融服务专业委员会在第二届进博会期间发布的《人民币跨境贸易融资服务方案》，在采取多种措施提高人民币跨境贸易结算及融资便利性的同时，加强资金自由流动的风险管理。

具体而言，对新片区金融机构、居民与非居民企业的性质实施分级分类管理。就分级管理而言，主要根据信用评级对信贷机构、证券公司与相关企业的信用度进行综合评定，即根据中国监管法规，从“身份识别和验证”“金融犯罪风险等级评估”“资金来源”等多个维度完成尽职调查，包括对相关金融公司与实体部门及其背后关联个人进行高风险因素核查，动态检查项目包括且不限于：名单检查(包含官方名单和其他名单筛查)、制裁国家检查、高风险国家检查、核查客户是否为外国政要等。从业机构应严格执行联合国安理会有关决议，严格遵守境内外相关反洗钱、反恐融资和反逃税等法律法规和监管要求。新片区金融监管部门应根据该机构与企业的信用等级决定后续是否给予税收减免优惠与作出准入审批；就分类管理而言，新片区金融监管机构应针对新片区重点企业或者重点项目建立“白名单”制度，尤其是涉及新片区重点支持的产业(例如集成电路、人工智能、生物医药、航空航天、新能源和智能网联汽车、智能制造、高端装备等），率先开放涉及上述领域的资本项目项下的子项目，取消额度管理与审批管理，实施备案制度，并且给予企业所得税减免、取消注册资本限制等优惠政策。同时建立“黑名单”制度，主要针对存在严重资金安全隐患、多次违规情形与严重违反监管法律要求的金融机构与名单处以准入禁止的处罚措施。

## 三、提升新片区跨境金融服务能级，放宽外资控股比与经营范围

对于新片区跨境金融服务制度存在的问题，笔者认为，借鉴香港特区与新加坡的发展经验，重点围绕三个方面予以破解。

第一，更新《自贸区服务贸易负面清单》之中涉及跨境金融服务的负面事项。在新片区范围内暂停适用《中国人民银行法》《银行业监督管理法》《商业银行法》《证券法》《保险法》《票据法》《人民币管理条例》等相关法律法规。进一步压缩涉及金融服务负面事项的范围，放宽在新片区内设立的证券机构、期货经纪与保险公司的经营范围限制。以香港特区为例，国际投资者可以自由投资香港发行的债务工具，境外借款人可自由利用本地债务市场发行的各种债务工具为其业务融资，导致香港的私营机构债券市场十分活跃，流动性很高。香港特区对货币买卖和国际资金流动，包括外来投资者将股息或资金调回本国，都无限制。香港凭借发达的金融系统和国际金融中心的优势，可以为企业提供各类融资渠道，具有很高的融资自由度。新加坡同样如此，早已全面取消外汇管制。企业利润汇出新加坡是无限制条件的，也无须缴纳特定税费。外资企业只需按照银行要求提供相关文件，即可在新加坡自由开立银行账户。外资企业可以向新加坡本地银行、外资银行或者其他金融机构申请融资业务。新加坡企业发展局、经济发展局等机构还针对外国企业提供优惠的融资条件，如新企业发展计划、企业家奖励计划等。

因此，新片区制度改革应当重点围绕跨境保险资产管理、跨境发债、

跨境投资并购和跨境资金集中运营等跨境金融领域的准入限制放宽与制度保障而展开。应在上述跨境金融服务领域，对符合条件的境外机构投资者逐步开放，而不限于中资企业。逐步削减负面清单中的禁止性事项，允许部分外资机构在经过金融监管机构审批的前提下从事货币经纪业务，例如从事证券、期货投资咨询业务，经营保险经纪业务，境内期货经纪业务，境外期货经纪、期货投资咨询以及国务院期货监督管理机构规定的其他期货业务，从而全面提升跨境金融服务升级，为外资企业创造便利的投融资环境。

第二，在《新片区条例》或《自贸区服务贸易负面清单》修改之时，放宽金融机构外资控股比限制，除了部分证券业务以及以境外交付和境外消费方式提供的部分保险服务以外，在货币经纪、期货投资与基金管理领域放宽外资投资准入条件，在部分领域允许外商独资。以新加坡为例，新加坡金融市场能为企业提供全面的融资服务。各国企业只要符合一定条件，都可以在新加坡交易所发行股票或债券。新加坡的融资租赁、项目融资市场也非常成熟，能为企业提供全方位的融资服务。新加坡金融市场针对不同类型的贸易企业有不同的融资业务模式，如石油类贸易公司采用背对背信用证融资模式，中小贸易公司在不同发展阶段可以分别采用初创融资和成长期融资等各种贸易贷款。

因此，新片区对放宽外资控股比限制的改革应当在放宽跨境保险资产管理、跨境发债、跨境投资并购和跨境资金集中运营等跨境金融领域准入限制的基础之上，进一步放宽外资企业的持股比例。同时，根据相关资本市场的成熟度，在不同程度上开放外资持股比限制，针对不同的跨境金融业务允许中外合资与外商独资经营金融业务。例如，允许从事货币经纪业务的金融机构外资持股比超过50%，甚至允许外商独资，允许从事证券、期货投资咨询业务，经营保险经纪业务境内期货经纪业务、境外期货经纪、期货投资咨询的金融机构外资持股比例超过50%；允许从事资产管理业务的金融机构外资持股比超过30%，但仍应由中方控股；允许境内期货经纪业务、境外期货经纪、期货投资咨询的金融机构外资控股比超过

70%，但仍应由中方控股；允许从事资产管理业务、期货保证金存管业务以及企业年金基金管理业务的金融机构外资控股比超过 25%，但仍应由中方控股。同时借鉴新加坡的经验，对于新片区重点发展的产业，新片区金融市场针对不同类型的外资企业创建有不同的融资业务模式，尤其是为前期投入较大的集成电路与生物医药领域提供初创融资和成长期融资服务，对经营风险较大的民用航空与海上运输领域提供背对背信用证融资服务。

第三，在持续深化新片区金融机构服务离岸贸易发展职能的基础之上，适当突破现有的法律限制，探索离岸金融法律制度。笔者认为，当前自贸区离岸贸易的开展情况与实施状况并不乐观的主要原因有两方面：一方面是受国家整体贸易体制机制与政策法规的限制，另一方面是当前金融市场未能匹配与之适应的金融法律制度。以香港特区为例，香港实行自由汇兑制度，是亚洲地区唯一的没有离岸业务和本地业务之分的“一体化中心”，其货币市场是全球最开放的市场之一。新加坡同样如此，新加坡区内还设有离岸金融中心，实行与境内市场分割的模式，豁免法定储备金率、无利率管制、无外汇管制、不收资本所得税等。

从新片区离岸贸易与离岸金融发展的角度出发，盲目照搬香港特区或新加坡的金融发展模式固然不可取，但是可以借鉴他们的发展路径与成功经验，在发展离岸金融之前推动离岸贸易的落地，换言之，为发展离岸贸易创设与之相适应的金融法律制度。以海上货物贸易为例，对于自贸区与自贸区新片区贸易自由化的改革，除了完善进出口贸易制度，提高货物的周转率与港口吞吐量，还应考虑港口本身的定位与功能，其存在的价值与意义还是为经济腹地服务的，吸引更多的货物到港口中转，从而做大做强，形成规模效应与集聚效应。① 自贸区就港口发展规划出台的政策主要可以分为直接政策与间接政策，直接政策就是上文所提及的取消进出口补贴与减免关税，刺激国际贸易的进一步发展；间接政策设计的目标就是发展离岸贸易，将离岸制造业吸引过来，这就涉及资本的自由流动、货币的

① 郭永泉．中国特色自贸港税收制度构想[J]．开放导报，2019(02)：73.

自由兑换等金融政策与法律法规的完善。尽管并非与港口主营业务直接相关，但是间接政策有利于吸引制造型与贸易型的企业到相关港口开展制造与贸易业务。当前，我国自贸区新片区功能的特殊性不仅在于其口岸功能也在于其离岸功能。因此，和新加坡与香港特区相比，当前，我国内地自贸区在间接政策的实施层面，远远没有达到自由化与便利化的程度。对贸易商而言，选择一个港口开展贸易主要是综合考虑整体成本与综合成本，要考虑人工、原材料、加工费用、金融、保险与银行(极端地讲，即使我国港口装卸费用全免，国外制造商的生产线与装配线也不会全部转移到国内港)，其中涉及离岸贸易的相关金融法律制度就是至关重要的一环。因此，自贸区新片区贸易自由化制度的改革应当从直接政策与间接政策两方面同时着手。在完善相关金融监管模式激励机制的前提下，加强允许试验区内符合条件的中外资企业开展离岸贸易。

2019 年 10 月，“上海自贸试验区推进离岸转手买卖贸易发展推介会”提出了七项涉及新片区离岸贸易发展的相关举措，其中与金融制度改革相关的内容主要有“支持金融机构为真实离岸转手买卖贸易提供高效涉外金融服务。国家外汇管理局上海市分局将指导金融机构以展业三原则和三反为基础，通过科技创新手段，为真实合法的离岸转手买卖业务提供收支和汇兑服务”。① 2019 年颁布的《特殊支持政策的若干意见》也有类似的表述，“支持新片区内企业开展真实、合法的离岸转手买卖业务，金融机构可按照国际惯例，为新片区内企业开展离岸转手买卖业务提供高效便利的跨境金融服务”。笔者认为，新片区金融机构应当在充分了解中外企业从事离岸贸易的实际需求、注册资金、信用等级等背景信息的前提下，在反对洗钱、反对恐怖融资、反对套利的制度框架与政策指引下提供跨境金融服务，其中涉及股票与债券的发行、购买，金融衍生工具的使用，直接投资，信贷业务与商业担保，等等。当然，为离岸贸易提供跨境金融服务的

① 澎湃新闻网. 支持离岸转手买卖贸易，上海自贸区有这些举措[EB/OL]. (2019-11-02). https://m.thepaper.cn/baijiahao_4849238.

前提依然是遵循当前自贸区跨境服务负面清单以及现行外汇管理制度的要求。

待将来时机成熟之时，在新片区范围内试点开展离岸金融业务，以人民币国际化为背景尽快建立离岸结算中心。通过将人民币国际化路径选择和自贸区离岸金融发展有机结合起来，重点发展离岸人民币业务，积极寻求与香港特区离岸人民币业务上的全面合作，带动外汇、税收政策的实质突破，并在此基础上丰富人民币金融产品；同时加快在新片区范围内集聚离岸金融机构，努力提升与香港特区、新加坡、伦敦等金融市场的合作层面，持续引进国际知名的银行、保险证券和其他国际金融机构在新片区设立区域性总部。

# 第五章

# 上海自贸区临港新片区“运输自由”主要政策与法律制度

## 第一节　预期目标与实施情况的比较

为推动与促进上海自贸区新片区范围内的运输自由，新片区《总体方案》明确提出："实施高度开放的国际运输管理。提升拓展全球枢纽港功能，在沿海捎带、国际船舶登记、国际航权开放等方面加强探索，提高对国际航线、货物资源的集聚和配置能力。逐步放开船舶法定检验。在确保有效监管、风险可控前提下，对境内制造船舶在'中国洋山港'登记从事国际运输的，视同出口，给予出口退税。进一步完善启运港退税相关政策，优化监管流程，扩大中资方便旗船沿海捎带政策实施效果，研究在对等原则下允许外籍国际航行船舶开展以洋山港为国际中转港的外贸集装箱沿海捎带业务。推动浦东国际机场与'一带一路'沿线国家和地区扩大包括第五航权在内的航权安排，吸引相关国家和地区航空公司开辟经停航线。支持浦东国际机场探索航空中转集拼业务。以洋山深水港、浦东国际机场与芦潮港铁路集装箱中心站为载体，推动海运、空运、铁路运输信息共享，提高多式联运的运行效率。""建设高能级全球航运枢纽。支持浦东国际机场建设世界级航空枢纽，建设具有物流、分拣和监管集成功能的航空货站，打造区域性航空总部基地和航空快件国际枢纽中心。推进全面实施国际旅客及其行李通程联运。建设国际航运补给服务体系，提升船舶和航空用品供应、维修、备件、燃料油等综合服务能力。支持内外资企业和机构开展航运融资、航运保险、航运结算、航材租赁、船舶交易和航运仲裁等服务，探索发展航运指数衍生品业务，提升高端航运服务功能。"

围绕《总体方案》提出的关于实现"运输自由"的具体目标与分解任务，上海自贸区临港新片区陆续出台了多项试点政策与创新案例，取得了初步的成效。2021 年 8 月，市委领导在市政府新闻发布会上介绍了临港新片区成立两年以来制度创新的总体情况，其中涉及运输自由领域的主要内容为：“出台《中国(上海)自由贸易试验区临港新片区国际船舶登记管理规定》，目前已完成 10 艘船舶登记注册。完善多式联运和集疏运体系，设立洋山国际中转集拼公共服务中心，建设东北亚空箱交换中心，开展沪浙跨港区跨关区国际航行船舶供油试点，完成全球首次 5G+AI 智能化港区作业，设立全国首个异地缴纳社保的外资船舶管理公司和首个外资船员劳务外派公司。”《若干意见》进一步指出，“集聚发展新型国际贸易与高端国际航运。打造离岸贸易创新发展实践区，推动服务贸易创新发展，做强洋山特殊综合保税区产业功能，提升全球航运枢纽能级。构建高效便捷的综合交通体系。完善交通管理体制，优化交通网络和静态交通管理，推进集疏运系统建设”。

对比《总体方案》设定的预期目标与实施情况，不难发现，当前临港新片区在推动与促进“运输自由”方面的制度探索与规则创新依然存在诸多缺失与不足，主要体现在以下几个方面：(1)新片区港口与其他港口、新片区港口与企业之间利益共享机制不完善，部分制度实施效果不理想；(2)新片区航运制度过于原则化，缺少具体条款引导企业实操联动；(3)海铁空联运政策激励存在不足，多式联运“无缝衔接”局面尚未形成。

## 第二节　主要问题的分析

### 一、新片区港航企业之间利益共享机制不完善，部分制度实施效果不理想

在当前自贸区航运政策战略升级与制度改革步入“深水区”的大背景下，港航企业利益共享机制不完善，需求不统一，政策集成性较差，具体体现在沿海捎带政策与国际船舶登记制度创新两方面。

### 1. 新片区沿海捎带政策实施前景不明

2021 年 11 月，国务院发布了《关于同意在中国(上海)自由贸易试验区临港新片区暂时调整实施有关行政法规规定的批复》。国务院同意自即日起至 2024 年 12 月 31 日，在临港新片区暂时调整实施《中华人民共和国国际海运条例》《国内水路运输管理条例》的有关规定，在临港新片区内允许符合条件的外国、香港特别行政区和澳门特别行政区国际集装箱班轮公司利用其全资或控股拥有的非五星旗国际航行船舶，开展大连港、天津港、青岛港与上海港洋山港区之间以上海港洋山港区为国际中转港的外贸集装箱沿海捎带业务试点。

经笔者解读，沿海捎带业务的适用对象有所扩大，从原来的“中资外籍船舶”扩张至“外资外籍船舶”，但是适用区域依然受限，仅限于“大连港、天津港、青岛港与上海港洋山港区之间的运输”；适用的时间同样受限，仅限于三年。从总体而言，该批复依然具有临时性的属性、过渡性的色彩与尝试性的特征，该项政策的实施前景依然不明。概言之，新片区沿海捎带政策的扩大开放对国内沿海运输权的突破依然是“部分意义上”的，将来是否会转变为“完全意义上”的开放，适用的区域是否会从“上述三大港口与上海洋山港之间”扩展适用于“国内所有港口与上海洋山港之间”的捎带业务，乃至允许外资外籍船舶经营国内沿海运输尚存疑义；该项是否有必要进一步向国内其他自贸区复制推广也有待进一步论证。

笔者认为，沿海捎带政策的扩大开放与改革尝试存在船舶与港口之间利益平衡问题。根据调研结果，类似于中远海运规模的大型航运企业认为沿海捎带政策的实施从总体上对其有利，能够有效避免船舶重复挂靠港口的情况出现，允许其所控制或拥有的中资外籍船舶经营国内部分沿海航线有助于节约船舶的营运成本，有利于外贸货物的合理运输与外贸航线的规划设计。外资航运企业更是如此，希望我国向外资外籍船舶全面开放沿海捎带业务，参与我国内贸运输市场的竞争。我国港口方当然也希望全面开放运输，从而提升港口货物周转率和吞吐量。相比之下，我国中小型航运企业普遍持反对意见，认为沿海捎带政策将会对国内运输市场造成强烈的冲击。对于本已利润微薄的中小型航运公司而言，更多国内外航运巨头参与国内航运市场的竞争无疑将进一步摊薄国内水路运输市场的利润。正所谓“没有为50元忠诚的客户”，更为激烈的竞争可能会迫使一部分中小型航运企业走向倒闭。

总体而言，开放沿海运输有利于港方，尤其是大型港口的经营，提升货物周转率与吞吐量；有助于降低中外大型航运公司的经营成本，提升竞争力，但将严重冲击国内中小型航运公司的发展。因此，未来是否应向外资外籍船舶“全面开放”沿海运输权存在争议，对港口与企业的影响孰轻孰重亟须全面论证。

### 2. 新片区国际船舶登记制度创新应否推广存疑

港口与企业之间利益共享机制的不完善还涉及船舶登记与税收等问题。传统严格的船舶登记制度不利于吸引国内与国外建造的船舶将我国港口城市作为船舶登记地，导致更多船舶流向国外船籍港悬挂塞浦路斯、利比里亚、柬埔寨等国的“方便旗”，中资外籍船队规模的扩大不仅造成我国船舶登记税收的大量流失，也致使海上交通安全隐患频频出现。自贸区与新片区创新船舶登记制度，通过减免征收关税与进口环节的增值税等方式吸引中资外籍回归登记，对保障船舶营运安全、确保国家税收利益方面具有积极的意义。但该政策是否值得在全国范围内复制与推广值得理论界与实务界从法律、政策等方面加以研判。

笔者调研后发现，上海自贸区创新船舶登记制度的效果并不好。目前只有一些小规模的航运企业不久前刚买了几条新船愿意尝试在洋山港登记；对于大企业而言，船舶登记免税政策缺乏吸引力。事实上，自该政策实施以来，在上海洋山港登记的船舶寥寥无几，如上文所言，新片区成立以来至2021年8月，仅仅完成了10艘船舶的登记注册。部分船东仅仅为了响应国家吸引中外船籍船舶回国登记的号召，将少量船舶移至洋山港登记。其中重要的原因在于，上海自贸区与新片区实施登记政策的条件并不比国外优惠，国内推行的免税政策(主要是免收关税与进口环节的增值税)在国外早已实施。在中远海运看来，上海自贸区船舶登记制度的创新从效果上看仅仅是与国际接轨，而不能将其视为一项优惠措施。对于一些刚购买了新船的小公司而言，上述政策红利姑且一试；但对于早已有上百条船舶登记在国外的大型航运企业而言，其没有动机，也没必要耗费大量时间与精力将在国外登记的船舶移至国内。总体而言，现有的船舶登记制度依然缺乏吸引力。

但是对于新片区而言，自贸区航运政策的实施对其来说意义重大。当前，上海正致力于建设“国际航运中心”，参照香港特区与新加坡的建设历程与经验，国际航运中心的建设须经历三个阶段：第一个阶段为港口硬件设施的建设(1.0版)，第二个阶段为资源配置能力的提升(2.0版)，第三个阶段为规则的制定(3.0版)。目前，上海刚刚完成1.0版航运中心建设，正逐步过渡至2.0版，而提升资源配置能力的关键就是吸引更多船舶在洋山港登记，只要其所控制或拥有的船舶在新片区登记，相应地也会在新片区设立船舶管理公司，之后将面临法律、保险、代理、融资、贷款、检验与会计等一系列相关事务的处理，从而带动上海相关航运产业，尤其是高端航运产业的发展与高端航运人才的培养，进而助推上海进一步加强航运产业链要素的资源整合与配置能力。其中就涉及我国航运业上下游产业链之间的政策博弈与利益均衡的问题。

过去，我国航运市场开放政策主要是“摸着石子过河”，重视国内与国际航运政策的对接与一致，从而采取了一些较为激进的改革手段与方式。对于自贸区新片区航运政策的设计与改革，是以开放倒逼改革，还是以改革倒逼开放？是前进还是后退？自贸区新片区船舶登记政策的实施是否应与方便旗国完全一致，还是更胜一筹？这同样需要从法律与政策层面作出评估与衡量。

## 二、新片区航运政策制度原则化，缺少具体条款引导企业实操联动

总体而言，当前自贸区与新片区出台的航运政策中原则性、框架式、

粗放式的行政指令与指导性要求过多，落实到具体实践与实务层面的规则较少，缺乏可操作性，政策落实不到位，具体条款的缺乏难以引导企业实操联动。接下来，同样以新片区实施的沿海捎带政策与国际登记制度创新为例。

### 1. 新片区沿海捎带政策有待细化落实

上海自贸区临港新片区《总体方案》中提出，“在对等原则下允许外籍国际航行船舶开展以洋山港为国际中转港的外贸集装箱沿海捎带业务”。但问题在于原来沿海捎带政策是如何实施的？是否对所有的中资外籍船舶“一视同仁”？现在自贸区新片区研究在“对等原则”下开展沿海捎带业务，考虑到美国以及部分欧洲国家尚未向外籍船舶开放沿海运输权，是否意味着今后对于在这些国家登记的船舶就无法享有沿海捎带政策？这种不确定性导致沿海捎带业务的前景不明，政策利用率低。根据笔者对上港集团战略研究部进行调研访谈，中资外籍船舶对于沿海捎带政策的利用率偏低，主要是中远海运的部分船只在使用，并且仅限于出口运输，进口业务相对较少；相比停靠南方港口，挂靠北方港口的几率更小。

另外，2021年11月，国务院发布的《关于同意在中国(上海)自由贸易试验区临港新片区暂时调整实施有关行政法规规定的批复》也提出，在临港新片区内允许符合条件的外国、香港特别行政区和澳门特别行政区国际集装箱班轮公司利用其全资或控股拥有的非五星旗国际航行船舶开展三大北方港口与上海港之间的沿海捎带业务试点。但问题在于何为“允许符合条件的外国、香港特别行政区和澳门特别行政区国际集装箱班轮公司”？“符合条件”的法律依据是什么？是否包括了所有的外资外籍船舶，如果不是，允许外展沿海捎带的外资外籍船舶的经营条件与准入门槛应当如何设置？因此，该批复所确立的主要原则有待于在将来出台的实施细则中进一步落实与细化。

### 2. 新片区国际船舶登记制度创新有待进一步明确

为吸引中资外籍船舶回归登记，上海自贸区专门设置了两个船籍港：

如果船舶处于保税状态，则登记为“中国洋山港”；如果船舶处于完税状态，则登记为“中国上海”，二者均享受国际船舶登记制度的政策便利，同时享有一定的关税与进口环节增值税的减免。但是对于船东而言，其也存在后顾之忧，担心在享有免税政策的同时也会付出相应的代价与成本。相比法律，政策本身具有不稳定性与临时性，部分船东担心存在所谓“秋后算账”的可能性。即如果将来政策变更，要求自登记之日起 5 年之内不得变更船舶所有权，否则需要重新缴纳之前免收的关税与增值税；抑或规定，如果船舶在 5 年之内达到国家设定的安全标准或环保要求，也要重新缴纳之前免去的登记税。政策适用前景不明导致该激励机制在实践中处于失灵状态，愿意回归登记的中资外籍船舶远低于市场预期。

根据上海自贸区临港新片区的新政，对境内制造船舶在自贸区登记从事国际运输的，视同出口，按照国家规定给予出口退税。该政策依然存在模糊地带，尚没有明确退税政策适用的对象是否同时包含政策实施之前以及政策实施之后建造的船舶，是否同时包括已经在国外登记或者未在国外登记的船舶；如果是已经在国内其他港口登记的船舶转移至临港新片区登记，是否还能享有退税政策？另外，如果船舶在今后变卖从而改变了船籍，船东所享有的免税以及退税是否需要返还？如果今后船舶营运的状况无法得到国家要求的绿色环保标准，是否同样需要返还或一次性补足之前所享有的政策优惠？所以针对临港自贸区新片区政策的细化工作应当格外慎重。从政策设计层面，不仅要吸引更多的航运企业在国内登记，为企业创造良好的营商环境；同时也要保障政府税收的稳定来源，避免船东在享有政策红利之后就转移船舶所有权的情形出现。

## 三、海铁空联运政策激励存在不足，多式联运“无缝衔接”局面尚未形成

以海铁联运为例，上海洋山港在海铁联运方面始终存在短板，东海大桥二期建设也迟迟不到位，其中有市场需要的因素，也有政策限制的原因。随着上海芦潮港中心站的启用，2018 年上海港集装箱海铁联运总量为

6万标准箱，2019年海铁联运总量为10万标准箱，但是和上海港中转与装卸的集装箱总量相比，仅仅是零头。由于铁路运输在运输效率方面要远远高于传统的公路运输，所以相比宁波港，上海洋山港在货物运输效率方面存在先天劣势。

除此以外，上海在海铁联运政策激励方面存在明显的短板。2018年，国务院出台了《打赢蓝天保卫战三年行动计划》，要求大力推进海铁联运建设，尤其是全国重点港口集装箱水联运量年均增长10%以上，优化调整货物运输结构。① 为贯彻落实上述行动计划，上海港、中远海运与铁路局成立了一个合资公司——上海港海铁联运有限公司。2019年，上海还出台了《上海市推进海铁联运发展工作方案》，规定：“以实现芦潮港与洋山港区的港站一体化管理为目标，成立由港口、铁路、船公司等共同出资组建的海铁联运公司，负责芦潮港站日常运营管理、海铁联运市场拓展、资源整合、模式创新，协同各方共同推进海铁联运公共服务平台、信息平台建设。在优惠措施方面，中国铁路上海局集团对开通海铁联运班列的经营人，依申请对管内实行铁路运输费最高下浮50%(管外30%)、装卸费下浮30%~50%的优惠……中远海运集团对海铁联运集装箱给予全程运价优惠50~100美元/TEU。”②

不难发现，当前上海发展海铁联运激励政策比较原则化，看似确定了优惠的幅度，明确了发展的重点与目标，实际上对扶持资金的来源，扶持资金的分摊，申请扶持资金的资格条件、绩效考核与具体标准均未作出明确的规定。因此，上海海铁联运的激励机制需要结合《上海国际航运中心建设专项资金管理办法》来进一步完善与落实。

另外，在发展海铁联运过程中，还存在海上运输与铁路运输衔接难的

---

① 中华人民共和国中央人民政府官网. 国务院关于印发打赢蓝天保卫战三年行动计划的通知[EB/OL]. (2018-06-27). http://www.gov.cn/zhengce/content/2018-07/03/content_5303158.htm.

② 上海市交通委官网. 上海市人民政府办公厅《关于印发上海市推进海铁联运发展工作方案》的通知[EB/OL]. (2019-07-12). http://zizhan.mot.gov.cn/st/shanghai/tongzhigonggao/201907/t20190716_3226196.html.

问题。调研显示：国内铁路市场相对封闭，利润较为丰厚；航运业为开放市场，但利润相对稀薄，所以有“铁老大”之称。调研发现，中远海运之前也曾作为多式联运经营人开展过海铁联运，但实际营运效果不佳，其主要原因在于铁路局缺乏市场竞争意识与服务意识。

航运市场历来是买方市场，供过于求；而铁路市场是卖方市场，供不应求。之前发生过这样一起案件：海铁联运经营人与货主已经就铁路区段货物的交付方式谈妥，但南昌铁路局坚持要将发货权交给指定的一家物流公司，铁路局仅仅接受该物流公司所托运的货物，这属于典型的计划经济的管理方式。所以，航运界普遍认为当前海铁联运发展不起来的主要责任还是在于各地铁路局僵化的管理体制与落后的管理理念。交通部运输部也逐步意识到这个问题，2018 年 8 月曾颁布《深入推进长江经济带多式联运发展三年行动计划》，在原有的客运运力被转移至高铁的大背景下，要求各地铁路局充分利用富余的铁路运力。① 但这种宏观规划依然无助于解决海铁联运在开展过程中所面临的衔接难与协调难问题，在政策实施与执行过程中如何平衡铁路局、港务局与航运公司之间的利益，如何完善政策保障机制依然有待重视与解决。

在航空运输方面，尽管新片区《总体方案》中提及以洋山深水港、浦东国际机场与芦潮港铁路集装箱中心站为载体，推动海运、空运、铁路运输信息共享，提高多式联运的效率。但之后出台的实质性举措依然偏少，尤其是在海空铁路联运方面缺乏相应的长远规划与实施细则。在某种意义上讲，新片区港口、机场与铁路之间尚未形成有效互动与有序联通，多式联运“无缝衔接”的局面尚未形成，不同区段的运输依然由不同的行政主管部门分别管理，此种“割裂”现状不利于在新片区范围内实现“运输自由”，有可能出现衔接不畅与协调不足，影响新片区海铁空联运的效率，应予以重视并加以解决。

---

① 中华人民共和国交通运输部官网. 交通运输部办公厅关于印发深入推进长江经济带多式联运发展三年行动计划的通知[EB/OL]. (2018-08-24). http://xxgk.mot.gov.cn/jigou/syj/201811/t20181130_3136035.html.

## 第三节　对策建议的提出

### 一、健全港口与企业之间利益分享机制，提升航运政策的实施效果

笔者建议，鉴于新片区法律制度兼具可复制性与不可复制性的双重属性与多重定位，应选择性地复制、推广新片区航运政策。在对部分航运制度实施合理推广与复制的基础之上，保持新片区相关航运制度的辨识度与区分度，体现其在航运领域的差异化竞争优势。

#### 1. 选择性地推广新片区沿海捎带政策

就当前“沿海捎带政策”而言，是否应在国务院批复的基础之上，进一步坚持国内航运市场的全面开放，是“向前”还是“向后”亟需从法律与政策层面作全面评估。在法律层面，沿海捎带所适用的运输对象包括内贸与外贸两种性质的货物，运输工具也兼具中资与外籍属性，应当认清沿海捎带政策的法律属性；在政策层面，沿海捎带制度的创新与突破不仅要从上海建设国际航运中心的角度实现船方与港口方之间的利益平衡，还要就该政策是否应在全国其他自贸区全面复制、推广作出全面论证与综合评估。

调研结果显示：随着船舶大型化的趋势逐步增强，长三角区域港口装卸量大幅增加，为了减少重复挂靠港口的情况出现，新片区出台沿海捎带新政，方便中资外籍大船捎带货物以及外资外籍船舶在部分航线捎带货物，这从总体上看对航运公司有利。例如，有一批货物从青岛出口至欧洲，同时也有一批货物需运输至上海。在没有捎带的情况下，先从青岛到欧洲再回上海，兜一圈显然无法合理利用班期，但如果允许捎带的话肯定有利于航运公司节省航次成本，即先安排航次先从青岛到上海，再从上海

到欧洲，这种船舶的换装作业有利于航线的设计与业务的开展。对地处上海的中资与外资航运企业而言，此项政策的落地无疑有利于充分利用既有船舶舱容的利用率，提升上海港口与北方的大连、青岛与天津港口之间的运输效能与效率；对洋山港而言，该项政策的试点有利于大幅提升洋山港的货物吞吐量与装卸率，进一步强化与巩固上海国际航运中心的优势地位。笔者建议，应在政策到期后，将此项国务院批复的“临时性方案”转换为“永久性规定”，在未来《新片区条例》修改之时予以吸收。具体而言，对于外资外籍船舶，从当前“部分开放”的现状转变为“基本开放”的局面，适用的区域从“上述三大北方港口与上海港洋山港之间”扩展到适用于“国内所有港口与上海港之间”的捎带业务；甚至针对中资外籍船舶试点开放沿海运输业务，允许此类船舶在长三角自贸区港口之间开展国内沿海运输。待时机成熟后，再逐步过渡至面向外资外籍船舶“全面开放”沿海运输权。

就此项航运政策的复制推广而言，建议结合各地港航企业规模、竞争结构、地区安全、政治稳定与经济利益等因素，经各利益相关方充分论证与研判之后向国内其他自贸区复制、推广上海自贸区开展“沿海捎带”的做法。

总体而言，沿海捎带政策的复制与推广不应当影响与干扰原有政策的实施效果。不顾当地的业态基础与发展水平，盲目推广复制上海自贸区新片区的政策经验不仅会产生“南橘北枳”的不良效应，也会分散航运政策实施所形成的“聚集效应”，从而起到适得其反的作用。归根到底，各地自贸区航运政策在相互借鉴、融合过程中产生一些共性内容的同时，还应当保持地方个性，有选择地复制与推广上海自贸区新片区的航运政策，避免“面面俱到”与“大而全”，从而凸显上海建设“国际航运中心”的差异化优势。这种差异化不仅体现在各地对当地航运经济与航运产业发展的激励机制有所差异，还应理解为新片区航运政策不宜盲目复制与推广，避免各自贸区相同或相似航运政策的泛滥化与重复化，避免立法资源与行政资源的浪费。

## 2. 适度谨慎地复制新片区国际船舶登记制度创新

就当前“国际船舶登记”制度创新而言，自贸区现行制度虽然被业内普遍认为不具有国际竞争力，但对于航运公司而言，此项政策改革也并非一无是处。如果悬挂洋山旗船，船舶的航行也相对安全。随着我国的国际地位不断提升，中国籍船舶的安全系数更高，这对于国家海外资产的保护也更为有利，避免部分国家随意扣押船舶以及海盗的肆意劫掠。但现阶段不宜盲目复制、推广新片区“国际船舶登记”的制度创新，避免对上海“国际航运中心”建设进程产生直接冲击。参照香港特区与新加坡建设“国际航运中心”的历史进程以及海南自贸港建设发展规划，上海正处于“港口硬件设施建设”(1.0 版)向“资源配置能力提升”(2.0 版)转型的关键阶段。提升资源配置能力的关键就是吸引更多的船舶在上海港登记，从而带动上海在管理、法律、保险、融资、检验等高端航运产业方面的发展与高端航运人才的培养。

在制度设计方面，我们不能仅仅将该“国际船舶登记制度”视为一种消化现有船舶登记“存量”的手段，更应将其看作一种确保船舶登记“增量”的方式。虽然不能吸引之前在国外登记的中资外籍船舶回归登记，但是可以吸引更多国内新造的船舶在洋山港登记。相比国外的登记政策，上海港的船舶登记制度应更加优惠。在这一点上，相比自贸区原有的免税政策，临港新片区的退税政策无疑更有国际竞争力。

具体而言，在原有船舶登记免税的基础之上，对在新片区登记的国内建造的船舶予以实施退税优惠，退税的范围包括在国内各建造与生产环节和流转环节按税法规定缴纳的增值税和消费税，在降低船厂建造成本的同时，也降低了航运公司购买船舶的费用。因此，相比香港特区、新加坡等国际自贸港实施的航运优惠举措更大，更有利于吸引新建造的船舶甚至中资方便旗船回国登记。笔者建议，可以将政策试点的范围进一步扩大，对于政策实施之前就已经在国内建造并且在国外登记的船舶，也能享受出口退税政策，从而一举解决“存量”与“增量”的问题。当然此项政策的创新实施仅限于上海自贸区与自贸区临港新片区。

## 二、加速新片区航运政策落地，完善航运法律制度的内涵

笔者认为，目前临港自贸区所实施的航运政策尚未被众多企业所知晓，其中涉及政策宣讲的问题，更重要的是现有的航运政策依然有待进一步落实与细化。虽然上海近十年来在硬件建设方面取得了显著的成就，连续十年雄踞世界集装箱第一大港的地位，但是在航运法治与营商环境方面一直存在明显的短板，严重阻碍了上海建设"国际航运中心"3.0 版本的历史进程。

### 1. 细化落实新片区沿海捎带政策

上海自贸区沿海捎带政策的细化落实更加需要对临港自贸区中"对等原则"进行细化与解释，对于那些不开放沿海运输权的国家就不适用沿海捎带政策。因此，应当及时建立并更新"开放清单"，建议完善"清单式"管理模式，建立"沿海运输开放目录"来对从事此类业务的船舶管理实施"许可制"，并实时更新；对于在美国等未对我国开放沿海运输国家登记的中资外籍船，不再适用沿海捎带政策。同时，对于该政策的法律属性进行有效的评估，尤其是在全面开放沿海运输权之后对港方与船方、中方与外方的影响需要全面梳理与审视，避免盲目决策，在实施沿海捎带政策之后不能轻易废止，待时机成熟之后将其转化为自贸区法律法规，从而增强政策的稳定性与明确性。

同时，应在未来出台的实施细则中明确，国务院批复中允许外资外籍船舶开展部分航线沿海捎带的前提条件，即何为"在临港新片区内允许符合条件的外国、香港特别行政区和澳门特别行政区国际集装箱班轮公司"？笔者建议，其准入门槛不宜设置得过高，对此类公司的注册资本与经营年限提出过高的要求，否则会影响外资集装箱班轮公司进行捎带的积极性；但经营条件也不应设置得过低，否则将导致此项政策的泛化与滥用，从而

违背了政策试点的初衷。可以在未来出台的相关实施细则中明确，在新片区内设立子公司与分支机构的外资国际集装箱班轮公司允许开展此项捎带业务，前提条件为此类公司的注册资本为1000万且为实收资本，上述班轮公司在华具有实际经营场所且运行2年以上(不限于在自贸区新片区范围内经营的期限)，信用评级为AA以上，在自贸区新片区银行设有专门的资金结算账户从而便于主管机关监管。

### 2. 明确细化新片区国际船舶登记制度

对于上海自贸区国际船舶登记制度的明确细化，笔者建议可以对船舶变卖或所有权转移设定时间周期，研究落实临港新片区“登记退税”制度，不应仅仅将其视为消化目前船舶登记“存量”的手段，更应将其看作实现未来船舶登记“增量”的路径。既要最大限度地提高船舶的登记率，又要防止航运企业钻政策的空子，在享有了税收红利之后立刻变更船籍。建议对登记船舶的所有权变更设定时间限制，只要保证船籍在3年内不发生改变，企业就无须补缴其之前享有的减免税与退税利益。

上海自贸区临港新片区也应针对船舶登记出口退税制度尽快出台相应的实施细则，乃至变成法律。站在政府与企业双方的视角，也应当注意政策适用的门槛不应降得过低，其适用的对象可以包括政策实施之前已建成的船舶，也可以包括已在国外登记的船舶；但是不应当适用于已经在国内登记的船舶，也不应当适用于在之后营运期间未能达到国际安全与环保标准的船舶(否则就退回之前所享有的退税与免税的优惠)。这一政策的实施对于在国内建造并且已经在国外登记的船舶而言无疑是利好消息，此种类型的中资外籍船舶如果在临港新片区登记，能够享有进口环节的免税以及生产、流通环节增值税的双重优惠。对于在国内建造的船舶而言，只要其尚未登记，同样可以享有退税优惠。笔者认为，上述政策的实施将有助于同时解决船舶“存量”与“增量”登记的问题。待时机成熟，应当将上述自贸区与自贸区新片区船舶登记政策转化为法律，通过制度的固化切实保障其连续性与稳定性，避免“朝令夕改”，为企业创造良好的营商环境与体制机制，彻底打消船东的“后顾之忧”。

## 三、加强海铁空联运的政策激励机制，实现多式联运“无缝衔接”的局面

对于海铁联运政策的完善与细化，笔者认为，宁波—舟山港的经验值得上海自贸区新片区借鉴与参照。宁波港对海铁联运已经出台了政策补贴措施，2015 年出台了《宁波港航发展专项资金管理办法》《关于进一步加快宁波市海铁联运发展财政扶持政策的实施办法》。2019 年出台的《宁波集装箱海铁联运扶持资金管理办法》根据扶持资金，按照“确定基数，共同分担”的原则，要求由宁波市财政和宁波舟山港股份有限公司共同承担，并对海铁联运经营人申请扶持资金的资格条件、绩效考核与具体标准作了明确的规定。①

因此，新片区也应在《上海市推进海铁联运发展工作方案》的基础之上，颁布港航发展专项资金管理办法与财政扶持政策，明确扶持资金的来源，扶持资金的分摊，申请扶持资金的资格条件、绩效考核与具体标准。具体而言，从资金方面对在自贸区新片区设立的海铁联运经营人作出扶持，由地方财政、自贸区管委会与港务机构按照合适的比例共同承担扶持资金，明确申请条件、考核机制与补偿标准。根据时机需要，在新片区成立上海海铁联运分公司或子公司，甚至将航空运输也纳入其中，设立上海自贸区新片区海铁空联运服务公司，综合协调洋山港、芦潮港铁路集装箱中心站与浦东国际机场海铁联运政策的实施，加强日常运营管理、市场拓展、资源整合、模式创新，推进公共服务平台、信息平台建设，完善海铁联运发展软环境，同时通过“1～3 小时”高铁交通圈推进实施海铁空联运，实现海运、铁路与空运的交通一体化与集疏运体系的构建。

---

① 宁波市政府官网. 关于印发宁波集装箱海铁联运扶持资金管理办法的通知［EB/OL］.（2019-09-01）. http://zfxx.ningbo.gov.cn/art/2019/9/29/art_2447_3962833.html.

针对当前港口营运、航线安排与铁路经营衔接难的问题，新片区管委会可以牵头促成港务局、铁路局与机场之间的合作，从技术层面予以解决。具体而言，以洋山深水港、浦东国际机场与芦潮港铁路集装箱中心站为载体，推动海运、空运、铁路运输信息共享，提高多式联运的运行效率。着力推进新片区集疏港铁路区段的建设，加快推进小洋山北侧支线码头开发，加强外高桥港区与铁路运输的衔接，适时加快推动铁路进洋山港。强化铁路班列与海运干线对接，实现多式联运标准一体化。优化区域内铁路班列路线及班次，提高铁路班次与海运干线航线匹配程度，开发覆盖长三角纵深经济腹地的海铁联运班列；联合上海港、上海铁路局、中远海运、浦东机场等企事业单位，统一船运提单、铁路运单、航空运单等运输票据，制定集装箱多式联运相关统一单证，报海关、税务、机场等单位备案，实现“一单制”。加强上海铁路局、上港集团与浦东机场之间的数据交换机制，开发统一的标准体系，包括数据采集、客户手续办理、一票制流程以及多式联运方清算体系等。

从贸易商与货方的视角，海运、铁路与航空主管部门间条块状的管理模式与割裂式的管理体制影响了新片区多式联运“无缝衔接”的效果与效率，新片区管委会应大力推动“电子口岸”联动发展，除了加强海运、铁路与航空运输系统对接与数据共享实现通关一体化外，还应当全面扩展与有效提升自贸区新片区“单一窗口”的服务功能与服务效率。对于“单一窗口”服务功能的利用不限于进出口企业的货物申报、报关申报、报检申报、备案清单申报、出入境人员管理等传统领域，还应当考虑新片区窗口服务平台与公路、铁路、航空运输服务的对接，服务平台与银行、金融、保险机构信息的共享，服务平台与税务、统计、商务等行政监管部门职能的衔接。开放“单一窗口”平台数据接口链接航运企业、上港集团与浦东机场的内部网络系统，实现通关服务与监管功能的适当前移与延伸；辐射新片区跨境电子商务与国际贸易的各个环节，构建“数据联动共享与部门联动管理”机制，打造“以企业与客户需求为导向”的智慧集疏运服务生态体系。

此举可以促进新片区管委会与海关、公路、铁路、航空、银行、金融、保险、税务、统计、商务等多个部门的合作，加快实现跨部门监管系统对接、卡口信息互换、配载数据共享，确保贸易商与货方在多式联运第一运输区段的“单一窗口”完成货物申报、报关申报、报检申报、备案清单申报之后不需要在后续运输区段中再进行重复申报。

# 第六章

# 上海自贸区临港新片区"人员从业自由"主要政策与法律制度

## 第一节　预期目标与实施情况的比较

为推动与促进上海自贸区新片区范围内的人员从业自由，新片区《总体方案》明确提出，“实施自由便利的人员管理。放宽现代服务业高端人才从业限制，在人员出入境、外籍人才永久居留等方面实施更加开放便利的政策措施。建立外国人在新片区内工作许可制度和人才签证制度。允许具有境外职业资格的金融、建筑、规划、设计等领域符合条件的专业人才经备案后，在新片区内提供服务，其在境外的从业经历可视同国内从业经历。除涉及国家主权、安全外，允许境外人士在新片区内申请参加我国相关职业资格考试。探索在法医毒物司法鉴定、环境损害司法鉴定等技术含量高的领域开展和加强技术合作。为到新片区内从事商务、交流、访问等经贸活动的外国人提供更加便利的签证和停居留政策措施。制定和完善海外人才引进政策和管理办法，给予科研创新领军人才及团队等海外高层次人才办理工作许可、永久或长期居留手续‘绿色通道’。探索实施外籍人员配额管理制度，为新片区内注册企业急需的外国人才提供更加便利的服务”。

围绕新片区《总体方案》提出关于实现“人员从业自由”的具体目标与分解任务，上海自贸区临港新片区陆续出台了多项试点政策与创新案例，取得了初步的成效。2021 年 8 月，市委领导在市政府新闻发布会上介绍了临港新片区成立两年以来制度创新总体情况，其中涉及人员从业自由领域的主要内容为：“率先探索电子口岸签证，推行更加开放便利的外籍人才长期及永久居留政策，放宽外国人来华工作许可条件限制，开设工作和居留许可‘单一窗口’，实行境外专业人才执业备案、开放相关职业资格考试等政策。在全市突破实施缩短‘居转户’年限并放宽评价标准、管委会直接推荐人才引进重点机构、自主制定技能人才引进目录、人才购房政策定向微调等政策。揭牌至今，301 家用人单位纳入‘居转户“7 转 3”单位清单’，597 家用人单位纳入人才引进重点机构清单(含高新技术企业)，人才总量突破 8.2 万人。”《若干意见》进一步提出，“建设国内外人才集聚高地。完善国际人才引进政策，开展国际人才管理服务改革试点，优化国内人才引进机制”。

对比《总体方案》设定的预期目标与实施情况，不难发现，当前临港新片区在推动与促进“人员从业自由”方面的制度探索与规则创新依然存在诸多缺失与不足，主要体现在以下几个方面：(1)新片区人员自由流动管理制度与《国籍法》等法律法规之间缺乏必要的衔接；(2)外国籍人才雇佣与职业资格互认等相关便利政策尚须进一步优化；(3)当前新片区人员自由流动管理机制尚未成熟导致监管效果有限。

## 第二节　主要问题的分析

### 一、新片区人员自由流动管理制度与相关法律法规之间缺乏必要的衔接

就当前外国人出入境管理政策与法律制度而言，其实质性举措主要集中于自贸区乃至浦东新区层面实施的制度创新，而非专门针对自贸区新片区作出的法治保障新举措。例如，浦东新区曾于 2017 年提出建立“1+X”海外人才政策体系：“1”是制定一个浦东新区关于深化体制机制改革，加强海外人才队伍建设的总体意见。“X”是贯彻总体意见的若干子文件，包括提高海外人才通行和工作便利度、促进海外人才创新创业、进一步优化海外人才配套服务环境等各个方面。其中涉及《浦东新区关于提高海外人才通行和工作便利度的九条措施》，例如开设自贸区永久居留推荐“直通车”，

实行外籍华人申办永久居留专项政策，放宽人才口岸签证申请范围，支持外国留学生兼职创业，放宽外国留学生直接就业，允许外国高校应届毕业生跨境就业，优化外籍专业技术人才执业资格认证，设立浦东新区海外人才局，试点人才办事窗口“无否决权”改革，等等。同时颁布了《上海自贸区推荐外籍高层次人才申请在华永久居留的认定管理办法(试行)》，在明确各个层次人才认定标准的同时，深入贯彻落实公安部支持上海科创中心建设出入境政策“新十条”，对符合认定标准的外籍高层次人才，经上海张江国家自主创新示范区和中国(上海)自由贸易试验区管委会推荐，可直接申请在华永久居留(其外籍配偶和未成年子女可随同申请)，同时缩短审批时限。

关于新片区人才流动与出入境管理制度主要体现在《新片区“十四五”规划》和《若干意见》之中，相关规定相对原则化，缺少相应具有可操作性的实施细则，例如，“制定和完善海外人才引进政策和管理办法，给予科研创新领军人才及团队等海外高层次人才办理工作许可、永久或长期居留手续‘绿色通道’”。因此，在外国籍人才出入境管理方面，新片区人才自由流动制度设计缺乏创新性与可操作性，新片区与老片区之间在人才引进、建设、支持、居留与签证等各个方面的政策区分度不够，新片区在吸引外籍人才就业创业、提高人才通行与工作便利度之时，在绝大多数情形下依然要适用原有浦东新区与自贸区的人才引进政策法规，并未意识到当前浦东新区以及自贸区各项涉及人员自由流动的制度与上位法之间存在的制度衔接与协调问题。

从当前出入境管理与人才引进的法律规制的角度，除了上述自贸区与新片区出台的各项规范性文件外，外国籍人才出入境管理还应遵循《中华人民共和国国籍法》《中华人民共和国出境入境管理法》《中华人民共和国出境入境边防检查条例》《中华人民共和国外国人入境出境管理条例》《外国人在中国就业管理规定》及其实施细则以及《个人所得税法》等。不可否认的是，其中部分法律法规制定的年限久远，部分内容已经明显滞后于新时代社会发展尤其是自贸区建设的现实需求，难以满足自贸区新片区从业人员自由流动的实际要求。

就国籍管理而言，《国籍法》自1980年颁布实施以来沿用至今，并未作出进一步修改，我国当前法律坚持单一国籍，受限于此项规定，部分已经加入外国国籍的优秀人才回流受到一定程度的影响；反之，由于我国户籍管理与出入境核查存在一定的漏洞，且目前我国对于所谓“双国籍”违法现象打击力度不够，部分已经取得外国国籍的人才依然钻政策法规的空子回国创业与就业，享有本国人才享有的各种政策便利与制度红利。因此导致了真正有意愿回国创业且遵纪守法的高端人才无法回流，反而是那些投机取巧、触碰法律底线的“双国籍”人才回国就业并获取不法利益。长此以往，此种制度困境会严重挫伤有意归国人员的积极性与主动性，加速助长不法人员利用法律漏洞与管理疏忽的主观心理，不仅不利于实现自贸区新片区为引进“高精尖缺”海外人才提供入出境和停居留便利的初衷，而且严重背离自贸区新片区推动人才自由流动的主旨。

在引进外籍人才的优惠政策实施方面，2018年颁布的《中国(上海)自由贸易试验区顶尖科研团队外籍核心成员申请在华永久居留的认定细则》曾率先提出上海自贸区顶尖科研团队外籍核心成员可直接申请在华永久居留，此项规定突破性地将永久居留推荐权下放给承担国家、市重大项目的科研团队负责人。换言之，上海自贸区区域内承担国家、上海市重大项目团队的外籍核心成员，经该重大项目首席专家或项目负责人推荐，并经上海自贸试验区管委会认定后，可向上海市出入境管理部门申请在华永久居留。2019年颁布的《总体方案》也提出，临港片区将研究实施境外人才个人所得税税负差额补贴政策。其主要目的是吸引境外高端人才，降低个税税负。然而，时至今日，上海自贸区与新片区境内关于外籍人才个税减免的优惠措施仍未出台，其重要的原因在于，此项个税减免的优惠政策与上位法《个人所得税法》相冲突，同时也未明确针对从事哪些行业的外籍人才出台个税减免或补贴措施？减税的幅度是多少？补贴的范围是多大？这些问题都需要新片区管委会与财政、税务部门之间沟通协调与论证。

归根到底，目前和自贸区新片区外国人出入境管理与人才引进相关的法律法规数量较多，且牵涉领域较为分散，法律法规之间乃至法律法规与自贸区政策法规之间也未能形成有序衔接，甚至存在一定的冲突；且部分法律法规的具体内容相对模糊，主要集中于指导性与方向性的规定，缺乏具体的实施细则加以指引与落实，在实际工作中的可操作性不强，容易导致公安机关与民政部门在出入境管理与人才引进过程中出现管理漏洞，在一定程度上削弱了法律实施的统一性与权威性。除此以外，在自贸区管委会、海关、公安、民政、财政与税务等相关职能划分与专业分工上不够明确清晰，这同样不利于促进与推动自贸区人才就业自由与创业自由政策法规的顺利开展与具体落实。

## 二、外国籍人才雇佣与职业资格互认等相关便利政策尚须进一步优化

关于外国籍人才的雇佣与引进，早在2015年，公安部出台支持上海全球科技创新中心建设的12项出入境新政策。2016年，公安部支持上海科创中心建设出入境政策“新十条”落地，对符合认定标准的外籍高层次人才的入境签证、永久居留、工作许可及其外籍配偶和未成年子女的永久居留，以及在上海高校就读的外国学生从事兼职创业活动与进行实习活动，提供相应的优惠政策与便利化条件。《引领区意见》进一步规定，将建立全球高端人才引进“直通车”制度。率先在浦东实行更加开放、便利的人才引进政策。进一步研究在浦东投资工作的相关高端人才审核权限下放政策，为引进的“高精尖缺”海外人才提供入出境和停居留便利。然而，当前临港新片区人才引进的主要激励机制体现在出入境管理居留政策的实施方面。总体而言，实施更加开放的人才和停居留政策，完善更加宽松的人员临时出境入境政策，落实更加便利的工作签证政策，建立更加高效便利的出境入境管理制度，出台更大范围适用的免签入境政策，等等。但是并未从资格认定、工作许可与职称评价等领域实现进一步制度创新与政策突破。

《引领区意见》提出，“逐步放开专业领域境外人才从业限制，对其在浦东完全市场化竞争行业领域从业视同享受国民待遇，建立国际职业资格

证书认可清单制度”。《海南自由贸易港法》第47条也有类似的规定，“海南自由贸易港放宽境外人员参加职业资格考试的限制，对符合条件的境外专业资格认定，实行单向认可清单制度”。2016年，由交通运输部职业资格中心、英国皇家特许船舶经纪学会（ICS）、上海市浦东新区航运服务办公室共同举办的中英高端航运人才培养合作签约仪式暨中国（上海）自由贸易试验区航运人才“双认证”试点项目在上海启动。该项目旨在开展航运人才培养工作，以航运交易、航运经纪、航运金融、航运保险等职业为重点，遴选上海自贸区内航运企业的高级管理人员，组织试点培训，但该项目仅仅针对航运人才的认证与培养。

从总体上作分析，《自贸区服务贸易负面清单》中涉及人才资格认定的负面事项依然较多，其中第153条涉及有关职业资格的限制措施总计27项，“申请以下职业资格应为中华人民共和国公民：注册安全工程师执业资格、注册土木工程师（岩土）执业资格、勘察设计注册石油天然气工程师资格、勘察设计注册冶金工程师资格、勘察设计注册采矿/矿物工程师资格……专利代理人、教师资格、社会工作者职业资格、拍卖师执业资格、保安员、资产评估师、注册验船师、房地产经纪专业人员职业资格”。换言之，在上述领域，境内外的职业资格尚未实现完全互认；从事相关行业的外籍人才无法在新片区执业，其在境外的工作经历也无法获得我国的承认。

显然，上述瓶颈问题与制度短板严重制约了自贸区人才引进与雇佣的格局，对于自贸区新片区人员流动，尤其是境外人才的流动造成了不必要的障碍。换言之，在加速推进人员进出便利化、实施开放的出入境政策的同时，还应当考虑为引进后的外籍人才创造良好的工作环境与专业平台，推动专业职业技术资格的境内外互认，而这正是当前自贸区新片区在法治保障层面所缺少的重要举措。

例如，当前新片区《总体方案》提到，“允许具有境外职业资格的金融、建筑、规划、设计等领域符合条件的专业人才经备案后，在新片区内提供服务，其在境外的从业经历可视同国内从业经历”。那么，具有境外职业资格的生物医药、人工智能、大数据以及集成电路等领域符合条件的专业人才是否允许在新片区内执业？其在境外的从业经历能否视同国内的从业经历？其持有的国外职业资格是否能够得到自贸区新片区的承认？答案显然是否定的，这也与新片区《总体方案》重点支持发展集成电路、人工智能、生物医药的长远规划不符。

另外，尽管新片区“允许境外人士在新片区内申请参加我国相关职业资格考试”，并制定了《中国(上海)自由贸易试验区临港新片区境外人士参加专业技术类职业资格考试试行管理办法》，但依然缺乏相应的实施细则，尚未公布新片区向境外人士开放考试的专业技术类职业资格项目清单，尤其是对从事法律、教育、医疗行业的外籍人士而言，无法参加相关专业技术类职业资格考试相当于剥夺了其在自贸区新片区范围内从业的资格；相比之下，海南自贸港已经开放境外人员参加的职业资格考试达30多项。

## 三、当前新片区人员自由流动管理机制尚未成熟导致监管效果有限

为了实现自贸区与新片区内外资金、货物以及人员等各项要素的自由流动，新片区采取与老片区相同的监管模式，将监管的重点落在了“境内关外”，自贸区新片区设立了国际人才港，并针对在临港新片区工作与生活的外国人出台了若干优惠政策，但是调整的范围与事项有限，主要针对事前监管环节，局限于申请流程的精简，提出通过“一表申请”，提供一站式、一窗受理的公共服务平台，为外国人提供申请居留许可与工作许可的便利，对外籍科研创新团队成员的引进适当放宽年龄、学历和工作经历的限制。同时简化受理手续与审核流程，吸引国际知名人力资源机构入驻以及开展外国人才岗前培训、法律咨询、文化交流等，但是对于人才流动的事中与事后监管依然存在漏洞与不足。从某种意义上讲，人才流动被视为服务贸易的一部分，人才自由流动与自由就业也与贸易自由以及投资自由紧密相关。然而，任何自由都是有界限与前提的，如果人才的自由流动触及了法律底线与规则边界，造成了各种非法

贸易与违规投资的滋生，那么也就违背了建立自贸区新片区的原则与初衷。

例如，自贸区新片区在为外国人才创新创业提供便利方面，只要企业依法设立，首次办理外国人来华工作许可放宽年龄、学历和工作经历的限制；在延期时，需证明公司合法经营，不存在“皮包公司”骗证或骗签现象，即可顺利延期。问题就在于如何证明外国人在自贸区内成立的公司并非“皮包公司”？如何认定“皮包公司”？其判断标准是主要经营业务活动不在自贸区新片区范围内开展，还是主要从业人员不在自贸区新片区范围之内办公或居住？到期之后需要提交哪些材料予以证明？如果事后证明该公司是“皮包公司”，自贸区新片区管委会应当如何处理？是否强制注销该公司，或者是否要求该公司退还之前已经享有的自贸区新片区赋予其各项政策红利？更何况上述监管程序仅限于公司在设立多年之后需要延期之时，即“事后”环节，并未针对公司在经营过程中的不规范现象与不法行为进行一定的监管。因此，新片区对外国人自由流动的“事中事后”监管模式尚未成熟，监管效果相对有限，从而陷入“一管就死，一放就乱”的现实困境。

除此以外，在自贸区新片区范围内尚未实现人口流动大数据监管与应用领域的创新。虽然上海在数字治理与大数据中心的建设上已经取得了较大成绩，但是对于外国人才国籍、学历、年龄、职业、居住地址与研究方向等个人信息以及出入境记录等统计、分析与追踪依然存在提升与完善的空间；并且由于海关、公安、卫生、教育、银行与民政部门各自监管的内容相互独立，共享信息困难的现实依然存在，这些监管部门大多以自身监管的内容为出发点，对管理对象的信息分别进行保管和使用，缺乏统一的信息交换应用平台，数据共享不足、格式不统一、与国际不接轨等问题并存，在监管过程中也大多各自为政，协同性较低，难以实现有效的全方位实时监管，势必会出现监管漏洞。此种现状一方面不利于掌握外国人才的流动意向与趋势；另一方面也不利于吸引真正的高端人才到自贸区新片区范围内就业与创业。

# 第三节　对策建议的提出

## 一、加强新片区人员自由流动管理制度与相关法律法规之有序衔接

就总体原则而言，人员流动的自由应当坚持顶层设计与地方探索相结合，逐步推动落实新片区各项人员自由从业与流动政策适当突破现有法律法规与负面清单的相关限制。换言之，应当在依法合规、风险可控、商业可持续的前提下稳步推进人才从业自由。在提高新片区相关人才引进与人员流动政策法规的可操作性与可实施性的同时，加强新片区人员自由流动管理制度与相关法律法规的有序衔接。

就国籍管理而言，在部分投资领域放宽从业主体的国籍限制，进一步压缩负面事项的数量与范围。例如，2020年《自贸区投资准入负面清单》规定，“境外投资者不得作为个体工商户、个人独资企业投资人、农民专业合作社成员，从事投资经营活动”。笔者建议，自贸区新片区可以考虑放开境外投资者的准入门槛，例如允许其作为个体工商户、个人独资企业投资人、农民专业合作社成员从事投资经营活动。在教育领域同样如此，《自贸区投资准入负面清单》规定，“学前、普通高中和高等教育机构限于中外合作办学，须由中方主导(校长或者主要行政负责人应当具有中国国籍且在中国境内定居，理事会、董事会或者联合管理委员会的中方组成人员不得少于1/2)。外国教育机构、其他组织或者个人不得单独设立以中国公民为主要招生对象的学校及其他教育机构(不包括非学制类职业技能培训)，但是外国教育机构可以同中国教育机构合作举办以中国公民为主要招生对象的教育机构”。笔者建议，应适当突破《教育法》《义务教育法》关于从事教育主体国籍的限制与约束，在新片区范围内试点允许在中国境内定居的外籍华人作为校长或主要行政负责人开展民办教育，允许其以中国

公民为主要招生对象，但应当在学校管理与经营章程中明确理事会、董事会或者联合管理委员会的中方组成人员人数不得少于1/2。

另外，在新片区范围内加强户籍管理，通过数据共享与信息互通探索自贸区管委会、海关、公安与民政等相关职能划分与专业分工，建立新片区人才储备库，通过大数据统计、分析与预测，强化事中事后监管，从而在最大限度地避免“双国籍”人才利用制度漏洞获取政策红利。

在引进外籍人才的优惠政策实施方面，应参照财政部、税务总局发布的《关于粤港澳大湾区个人所得税优惠政策的通知》以及广东省财政厅、国家税务总局与广东省税务局颁布的《贯彻落实粤港澳大湾区个人所得税优惠政策的通知》，结合自贸区新片区引进外籍人才的实际情况发布新片区外籍人才个人所得税优惠政策与实施细则。

首先，对于在新片区工作的外籍高端人才与紧缺人才(包括港澳台等境外居民)作出界定，制定高端人才与紧缺人才目录范围，并定期更新，其中包括一个纳税年度内在新片区取得收入达到80万元人民币以上的专业技术人员；从事新片区重点发展的集成电路、人工智能、生物医药、民用航空行业、新能源汽车等行业并担任部门经理以上的从业人员；国家级、省级或市级重大创新平台的科研团队成员和中层以上管理人才；高等院校、科研机构、医院等相关机构中的科研技术团队成员；经认定的总部企业、世界五百强企业及其分支机构的中层以上管理人员、科研团队成员、技术技能骨干和优秀青年人才，等等。

其次，明确享受优惠措施的所得，主要来源于新片区的综合所得(包括工资薪金、劳务报酬、稿酬、特许权使用费四项所得)、经营所得以及经上海市认定的人才补贴性所得。

最后，设定补贴的标准与补贴的方式，即应纳税额为申报人应纳税所得额的15%。对于已缴税额超过其按应纳税所得额15%的税额部分，由临港新片区政府给予财政补贴，该补贴免征个人所得税。或者依据《关于海南自由贸易港高端紧缺人才个人所得税政策的通知》，对于超过部分的税额予以免征。

## 二、推动外国籍人才雇佣与职业资格互认等相关便利政策的进一步优化

课题组建议，可以在自贸区新片区范围内开展试点，放宽非涉密性的专业技术从业领域的国籍限制，大力吸引自贸区新片区重点发展的产业，尤其是生物医药、人工智能、大数据以及集成电路等领域符合条件的外国籍人才。

例如，浦东人才局曾经推出了提高海外人才通行和工作便利度的 9 条措施，其中包括对于具有博士学历或者在上海自贸试验区连续工作满 4 年、每年境内实际居住累计不少于 6 个月的外籍华人，可以申请在华永久居留。自贸区新片区可在上述领域进一步缩短连续工作年限或者实际居住年限，乃至适当降低学历学位的要求，通过降低申请在华永久居留的门槛从而提高该优惠政策对于人才的吸引力。例如，对于生物医药、人工智能、大数据以及集成电路领域的专业人才，“博士学历”的要求可以降低为“硕士学历”，在自贸区连续工作满 4 年的要求可以降低为“在新片区连续工作满 2 年”。

浦东人才局提出，“上海高校在读外国学生经所在高校同意并出具推荐函后，可在学习类居留许可上加注‘创业’，在上海自贸试验区兼职创业”，新片区可以采取创新举措进一步支持外国留学生兼职创业，放宽兼职创业主体的范围，例如，“除了上海高校之外，国内 985、211 或双一流高校在读外国留学生经所在高校同意并出具推荐函后……在上海自贸试验区新片区兼职创业”。

浦东人才局提出，“上海地区高校本科及以上学历外国留学生到上海自贸试验区就业的，可以直接申办外国人工作许可”，新片区可以在此基础之上进一步放宽外国留学生直接就业的路径与渠道，例如，“除了上海高校之外，国内 985、211 或双一流高校本科及以上学历外国留学生到上海自贸试验区就业的……”

浦东人才局提出，“注册在上海自贸试验区的跨国公司地区总部、投

资性公司和外资研发中心，可直接聘用世界知名高校外籍应届毕业生”。新片区同样可以进一步扩大外国高校应届毕业生跨境就业的渠道，例如在生物医药、人工智能、大数据以及集成电路等新片区重点支持发展的领域，只要是注册在上海自贸区新片区的跨国企业子公司或者分公司，就可以直接聘用世界知名高校外籍应届毕业生，同时在实施细则中应当明确“世界知名高校”的内涵与外延，例如入选《上海交大世界大学学术排行榜TOP200》的高校。

在自贸区的基础上，进一步优化外籍专业技术人才执业资格认证，将承认外国籍人才在境外从业经历的职业范围进一步扩大，从原来的“金融、建筑、规划、设计等领域”扩张到“生物医药、人工智能、大数据以及集成电路等领域”，对在新片区提供上述服务的专业人才进行备案之后，其在境外的从业经历能够视同国内从业经历，在达到一定年限要求之后允许其在新片区内执业，其持有的国外执业资格同样可以得到自贸区新片区的承认。另外，新片区应当进一步梳理问题，加强调研，压缩跨境服务贸易准入清单之中有关职业资格的限制措施，开放境外人员参加执业资格考试的范围，待时机成熟之时，可以考虑允许从事法律、教育、医疗行业的外籍人士参加相关专业技术类职业资格考试，通过解除教育、医疗与法律等领域相关从业者的国籍限制，从而允许上述专业人士在新片区范围内就业与创业。

## 三、完善新片区人员流动自由与从业自由的管理模式与监管机制

为实现自由贸易新片区内外人员的自由流动，自贸区新片区的监管策略应当从原有的严格事前审查制度逐渐向事中事后监管转变，即弱化事前审查，注重事中事后监管。具体而言，新片区行政监管部门对外国人流动监管的事前审查事项范围较之事中事后环节应逐渐缩小，对外国人进入新片区后从事的工作、生活、学习等环节的监管能力则应不断提升。新片区管委会应对外国人设立公司的实际经营状况与合法合规性进行定期审查，

新片区工商机关应加强对此类经营范围随机核查的频率，新片区税务机关也应提高日常审计的次数，从而最大限度地甄别外国人在新片区范围内创新创业的真实性，规避外国人成立“皮包公司”进行骗证骗签的情况，将“主要经营业务活动在自贸区新片区范围内开展”作为认定公司业务真实性的标准，从而支持离岸贸易乃至离岸金融在新片区的发展。同时，建立黑白名单制度，把信用等级作为企业享受优惠政策和制度便利的重要依据，将信用等级较好的企业与外国人列入白名单，在许可证到期之后可以自动续期，并降低日常审计与随机核查的频率；将存在骗证骗签现象的“皮包公司”与设立该公司的外国人列入黑名单，对于以欺骗、贿赂等不正当手段取得登记的，充分落实商事撤销登记制度，登记机关可以依法撤销该公司的登记，并在未来10年之内作出行业准入禁止，要求该公司退还之前已经享有的自贸区新片区赋予其各项政策红利与税收补贴。

在技术手段层面，应当全面搜集在新片区内投资或创新创业的外国人名单，建立相应的人才储备库，加强对外国人才国籍、学历、年龄、职业、居住地址与研究方向等个人信息以及出入境记录的统计、分析与追踪，同时应当强化与海关、公安、卫生、教育、银行、民政部门之间的数据共享与信息互通，扩展单一窗口的内涵，重点对外国人才的研究方向、从业经历、出入境记录、缴税记录、信用记录以及其设立公司的经营状况与贸易条件开展定期监控与研判。如果发现该外国人为失信人员，其研究方向、从业经历与其从事的业务不符，或者其开展的贸易不真实，公司经营状况严重不佳，甚至是“皮包公司”，那么就不应对其发放或者延续工作许可。此种事中事后监管机制一方面有助于为真正愿意投资自贸区新片区的外国公司优化营商环境，另一方面也有利于避免跨境非法贸易与违规投资的滋生。

另外，根据《上海海事局服务中国（上海）自由贸易试验区临港新片区建设发展的实施意见》的相关规定，海事局事权下放的重点之一在于争取海员外派机构改革政策在新片区先行试点，注册地或者主要经营场所所在地位于新片区的海员外派机构从事海员外派业务审批的权限，从上海海事局全部环节下放至洋山港海事局。换言之，从2020年5月开始，上海海事局将从事海员外派业务审批的权限全部环节下放至洋山港海事局，受理范围主要为注册地或者主要经营场所所在地位于新片区的海员外派机构。笔者建议，在下放海员外派业务审批权限的同时，新片区海事局也应当加强对此类外派机构的日常监管，而不局限于事前审批，尤其是当前海员外派机构良莠不齐，船员工资被拖欠，福利与工作条件无法获得保障的案件时有发生，洋山港海事局应当加强船员外派机构资质与日常经营的监管；针对海员外派机构在海员服务过程中存在的违规违法行为，海事部门将按照有关法规程序要求，对其采取相应的调查处理并视违法情节的轻重进行相应的行政处罚。

# 第七章

# 上海自贸区临港新片区“信息便捷联通”主要政策与法律制度

## 第一节　预期目标与实施情况的比较

为推动与促进上海自贸区新片区范围内的信息便捷联通，新片区《总体方案》明确提出，“将实施国际互联网数据跨境安全有序流动。在实施路径方面，提出建设完备的国际通信设施，加快5G、云计算、物联网等新一代信息基础设施建设，在实施领域方面，聚焦集成电路、人工智能、生物医药和总部经济等关键领域，试点开展数据跨境流动的安全评估，数据保护能力认证、数据流通备份审查、跨境数据流通和交易风险评估等数据安全管理机制。同时通过开展国际合作规则试点，加强对专利、版权与商业秘密等权利与数据的保护力度”。

围绕《总体方案》提出的具体目标与分解任务，上海自贸区临港新片区陆续出台了多项试点政策与创新案例，数字贸易业务的开展与数据跨境流动的推进在自贸区新片区范围内取得了初步成效。2021年8月，市委领导在市政府新闻发布会上介绍了临港新片区成立两年以来制度创新总体情况，其中涉及信息便捷联通领域的主要内容为，“临港新片区已经制定了‘国际数据港’建设方案，率先在智能网联汽车和车联网领域建立数据跨境流动‘正面清单+分级分类’管理制度，开展数据跨境流动安全评估试点，国际互联网数据专用通道投入使用，试点建设新型互联网交换中心”。《若干意见》进一步强调，“未来新片区将构建开放型产业体系，其重点一就是加快建设国际数据港，提升科技创新策源能力，加强知识产权保护”。

对比《总体方案》设定的预期目标与实施情况，不难发现，当前临港新片区在数字贸易与信息便捷联通领域的制度探索与规则创新方面依然存在诸多缺失与不足，主要体现在以下几个方面：（1）新片区“国际数据港”建设与国际最高标准、最好水平存在一定差距；（2）数据跨境流动管理“正面清单+分级分类”制度的实施有待落实与深化；（3）涉及数字贸易与数据流动知识产权保护相关法律法规依然有待完善。

## 第二节　主要问题的分析

### 一、新片区“国际数据港”建设与国际最高标准、最好水平存在一定差距

中共中央、国务院于2021年4月发布的《引领区意见》规定，将建设国际数据港和数据交易所，推进数据权属界定、开放共享、交易流通、监督管理等标准制定和系统建设。那么上述标准的制定与系统的建设工作应该按照何种标准与模式开展与实施？按照《总体方案》的要求，应当对标当前国际最高标准与最好水平，换言之，临港新片区“国际数据港”的建设应当参照国际最高标准与最好水平开展与推进。然而，当前新片区“国际数据港”的建设在制度层面依然存在诸多短板与缺失，集中体现为：国际合作机制参与程度不深，原则性与框架性的指导性规范较多，缺乏制度的可操作性与实践性，自贸区总体方案与相关实施细则中并未涉及跨境数据流动总体原则与具体规则的规定，未与国际通行的经贸规则与主流的法律体系接轨，与国际最高标准存在一定差距，亟待进一步弥补与完善。

以《区域全面经济伙伴关系协定》（以下简称“RCEP”）为例，该协定第十二章“电子商务”旨在让缔约方认识到电子商务提供的增长和机会、建立框架，以促进消费者建立对电子商务信心的重要性，以及便利电子商务发展和使用的重要性。其目标在于：（1）促进缔约方之间的电子商务，以及全球范围内电子商务的更广泛使用；（2）致力于为电子商务的使用创建一个信任和有信心的环境；（3）促进缔约方在电子商务发展方面的合作。每

一缔约方应当适时就以下领域开展合作：(1) 共同帮助中小企业克服使用电子商务的障碍；(2) 确定缔约方之间有针对性的合作领域，以帮助缔约方实施或者加强其电子商务法律框架，例如研究和培训活动、能力建设以及提供技术支援；(3) 分享信息、经验和最佳实践，以应对发展和利用电子商务所面对的挑战；(4) 鼓励电子商务部门开发增强问责和消费者信心的方法和实践，以促进电子商务的使用；(5) 积极参加地区和多边论坛，以促进电子商务的发展。与之相比，自贸区新片区跨境电商作为重点发展领域，提出"创新跨境电商服务模式，鼓励跨境电商企业在新片区内建立国际配送平台"，"发展跨境数字贸易，支持建立跨境电商海外仓"，然而，时至今日，尚未针对电子商务，尤其是中小跨境电商企业发布相应的指导意见与激励机制。

RCEP 第十二章还鼓励各成员国开展无纸化贸易，以增强对贸易管理文件电子版本的接受度；规范电子认证和电子签名的法律效力，允许电子交易的参与方就电子交易确定适当的电子认证技术和实施模式；采取透明和维持透明及有效的电子商务消费者保护措施；加强线上个人信息保护；对于非应邀商业电子信息强化监管和合作；对计算机设施的使用和位置以及通过电子方式跨境传输信息提出具体要求，以保证通信安全和保密；对当前正在显现的问题，如数字产品待遇、源代码、金融服务中跨境数据流动和计算机设施的位置创建电子商务的对话机制。除此以外，各成员国还同意根据 WTO 部长级会议的决定，维持当前不对电子商务征收关税的做法。除此以外，《美墨加贸易协定》(以下简称"USMCA")、《全面进步的跨太平洋伙伴关系协定》(以下简称"CPTPP")、《日本—欧盟经济伙伴关系协定》(以下简称"EPA")、《美日数字贸易协定》等均包含"数字贸易"章节，其中涉及"数据自由流动""禁止数据本地化""数字产品的非歧视待遇""关税""电子认证和电子签名""个人信息保护""无纸化交易""计算机设备所在地""合作事宜""网络安全问题""源代码"等相关条款。与之相比，新片区尚未围绕数字产品待遇、源代码、关税、个人信息保护、网络安全问题、电子认证技术和计算机设备所在地出台相应的具体规则与实施细则。从充分贯彻与具体落实 RCEP 要求与标准的角度出发，新片区尚未发挥制度引领作用、先行先试，对标国际最高标准与最好水平予以落实与细化。

## 二、数据跨境流动管理“正面清单+分级分类”制度的实施有待落实与深化

如上文所言，当前新片区实施的关于数据跨境流动管理“正面清单+分级分类”法律制度的适用领域相对有限，仅限于智能网联汽车和车联网领域，此项制度的覆盖面有待进一步扩张；更何况，当前新片区对跨境数据流动管理制度的完整性与全面性方面与国际通行规则存在较大差距。2020 年 12 月，上海自贸区临港新片区管委会牵头编制的《智能网联汽车产业专项规划(2020—2025)》提出，“推动智能汽车与数字经济融合发展，打造智能网联汽车产业信息服务的国内外‘连接器’”。具体而言，“推动智能网联汽车技术数据的国际跨境流通，交通场景库信息、自动驾驶算法输出、自动驾驶测试数据、车载软件 OTA 升级信息和远程故障分析等信息可实现在监管条件下的跨境传输”，“要打造良好的数字生态，搭建智能网联汽车技术数据流通平台，推动智能网联汽车产业数据资产化，推动数据确权、评估和交易；推动政企数据融合，使公共数据赋能智能网联汽车产业技术发展；组建智能网联汽车数据跨境服务机构，实现安全监管下的技术数据跨境流动，促进国际协同创新”。但总体而言，该规划就涉及核心技术与关键数据跨境流通分级分类的规定较为原则化，因此，在实施的广度与深度上，当前新片区管委会出台的跨境数据管理“正面清单+分级分类”制度的实施有待落实与深化。

就欧美国家开展跨境数据流动的法治保障措施而言，欧盟发布的《通用数据保护条例》规定，欧盟数据控制者实施个人数据跨境流动活动，主要包括三种合法方式：(1)数据传输至“充分性认定”地区(设定数据跨境自由流动白名单)；(2)充分保障措施(若是非欧盟成员，也未被列入白名单的第三国，在数据控制者或处理者提供“适当保障”或者遵守适当保障措施

条件的情况下，也可以实现跨境数据转移)；(3)例外情形(包括用户同意或者履行合同需要等)。另外，美国的跨境数据流动监管制度，例如《出口管理条例》《澄清域外合法使用数据法》《外国投资风险审查现代化法》主要采纳了分类监管和“长臂管辖”相结合的模式：对于部分关键技术与特定领域的数据出口以及美国公民敏感个人数据搜集进行严格限制，要求本地存储；对于一般个人信息和商业数据则允许跨境流动，但要求境外接收方的数据保护水平达到与境内同等的程度。对于允许数据跨境流动而引发的相关法律争议与司法纠纷，美国通过确立“数据控制者”标准对数据的出入境实施“长臂管辖”，对境外由美国数据服务商控制的数据具有管辖权，赋予执法机构调取不在美国境内的电信服务或远程计算机服务数据的权限。

同时，部分国家也陆续制定了跨境数据流动的双边与多边协定，例如美国和欧盟之间先后制定了《安全港协议》与《隐私盾协议》，尽管《隐私盾协议》在2020年7月被欧盟法院裁定为无效，但是该协议中关于通过“标准合同条款”(SCC)实现公司之间数据转移，以及政府获取信息权利约束与公民个人信息受侵害之后的权利救济规定，依然值得上海自贸区新片区进行数字贸易立法时加以借鉴。美国、日本、韩国、澳大利亚、加拿大与新加坡等APEC成员方构建了《亚太经合组织隐私保护框架》，该框架创建了跨境隐私规则体系(以下简称“CBPR”)，旨在加强与促进消费者、企业和监管机构三者之间对于个人数据跨境流动的互信。该框架在实施企业自律性隐私政策的基础上，另设专门机构进行强有力的监管，例如隐私执法机构和问责代理机构两大机构制度，形成公共机构与非公共机构相互监督、共同治理的格局。①

与上述国家采取的数据跨境自由流动分级分类管理与个人信息保护措施相比，《中国(上海)自由贸易试验区临港新片区管理办法》第36条强调，“新片区聚焦集成电路、人工智能、生物医药和总部经济等关键领域，试

① 刘俊敏，郭杨. 我国数据跨境流动规制的相关问题研究——以中国(上海)自由贸易试验区临港新片区为例[J]. 河北法学，2021，V.39，No.333(07)：85.

点开展数据跨境流动的安全评估，建立数据保护能力认证、数据流通备份审查、跨境数据流通和交易风险评估等数据安全管理机制”。类似的表述出现在《海南自由贸易港法》的第42条，但尚未出台在各行业各领域统一适用的分级分类管理体制与“一业一清单”的正面清单法律制度。因此，在跨境数据流通的具体监管规则方面，新片区同样尚未发挥制度引领作用、先行先试，以及对标国际最高标准与最好水平予以落实与细化。

## 三、涉及数字贸易与数据流动知识产权保护的国际合作机制依然有待完善

《中国(上海)自由贸易试验区临港新片区管理办法》第37条规定，“新片区开展国际合作规则试点，加大对专利、版权、商业秘密等权利和数据的保护力度，主动参与引领全球数字经济交流合作”。2020年12月，新片区管理委员会与上海市知识产权局签署了《关于推进临港新片区知识产权工作发展合作协议》，成立了中国(上海)自贸试验区临港新片区知识产权综合服务窗口、中国(上海)知识产权维权援助中心临港新片区分中心。该中心集聚了国家知识产权局专利局上海代办处和国家知识产权局商标局上海受理窗口的受理和咨询功能、市版权局版权确权咨询功能、中国(浦东)知识产权保护中心专利快审受理功能、临港新片区知识产权咨询服务和知识产权专项财政扶持申报受理功能以及知识产权侵权举报投诉受理、案件信息移送、纠纷调解和咨询解答等，将为区域企业、高校以及个人提供确权、保护、交易、运用等一站式服务。

然而，当前新片区对知识产权所采取的举措更多的是在国内知识产权服务的提供与受理、咨询与申报流程的简化上，并未围绕推动跨境数据流通、参与全球数字经济合作，开展国际数字贸易，尤其是适用国内知识产权法律法规在应对跨境个人隐私、商业数据与技术信息流通所产生的专利权、著作权与商业秘密等法律纠纷之时可能出现的“水土不服”与执法、司法、立法环节的不统一。引起上述问题的根本原因在于：跨境数据流动的法律问题属于国际知识产权纠纷，其主要特征集中体现为，技术性要求较

高，国际化程度较高。而当前新片区尚未出台与之相适应的知识产权保护国际合作交流机制以解决数字贸易开展过程中存在的数据流动安全隐患与制度风险。

## 第三节　对策建议的提出

### 一、加强新片区“国际数据港”建设，对标国际最高标准与最好水平

当前，我国涉及跨境信息流动监管与保护的法律法规与规范性文件主要有《个人信息保护法》(2021 年 8 月修改通过，2021 年 11 月正式施行)，该法第三章“个人信息跨境提供的规则”第 38 条规定：“确需向中华人民共和国境外提供个人信息的，应当具备下列条件之一：(一)依照本法第四十条的规定通过国家网信部门组织的安全评估；(二)按照国家网信部门的规定经专业机构进行个人信息保护认证；(三)按照国家网信部门制定的标准合同与境外接收方订立合同，约定双方的权利和义务；(四)法律、行政法规或者国家网信部门规定的其他条件。”除此以外，《数据安全法》(2021 年 6 月审议通过，2021 年 9 月正式施行)第 11 条规定，“国家积极开展数据安全治理、数据开发利用等领域的国际交流与合作，参与数据安全相关国际规则和标准的制定，促进数据跨境安全、自由流动”。

不难发现，我国在数据跨境流动监管、数据安全治理与开放利用等方面已经形成了较为完备的体系，尤其在个人信息跨境提供和关键信息基础的营运领域作出了系统的规定。毋庸置疑，上述规定相比 RCEP、USMCA、CPTPP、EPA 关于数字贸易的内容依然不够完整与全面；无论是总体原则的制定还是具体规则的出台，均存在较大缺失。尤其是对于数字产品待遇、源代码、关税、个人信息保护、网络安全问题、电子认证技术和计算机设备所在地的相关法律规制严重不足。考虑到上述法律最近完成修订或

通过审议，不宜在短期内作出修改，笔者建议，在新片区先行先试实施相关的政策试点与改革尝试，发布新片区跨境数据流动隐私保护与安全评估的指导意见或暂行条例。

总体而言，我国自贸区新片区数字贸易规则的制定应当尽可能与上述国际规则、协定与发达国家的立法接轨。随着我国电子商务产业的蓬勃发展，国际贸易也从以往单纯的货物贸易与服务贸易逐步转型为数字贸易，数据跨境流动已经成为开展数字贸易的重要载体与工具，其中也不局限于个人信息的流动，还包含企业信息与商业数据的流通。自贸区新片区数字贸易的立法不仅应当考虑到我国防守利益，更加应当重视进攻利益。① 例如，在明确总体原则时，应当借鉴 RCEP 的原则：一方面，允许乃至鼓励跨境数据流动，“促进缔约方之间的电子商务，以及全球范围内电子商务的更广泛使用”，“共同帮助中小企业克服使用电子商务的障碍”，“分享信息、经验和最佳实践，以应对发展和利用电子商务所面对的挑战”，“积极参加地区和多边论坛，以促进电子商务的发展”等；另一方面，也应当尊重各国网络主权，允许在新片区内成立的中资与外资企业根据各国的法律规定，出于公共政策与国家利益的考虑，围绕数据安全、隐私保护等相关事项设定除外条款。

具体而言，可以借鉴 RCEP 与 USMCA 等国际协定中关于数字贸易的规定。第一，在未来《新片区条例》修改以及指导意见与暂行条例出台之时明确数字产品的非歧视待遇，“对于在另一方领土上创建、制作、出版、签约、委托或者首次以商业条款提供的数字产品，或作者、表演者、制作人、开发者或所有者为另一方人士的数字产品，任何一方不得给予更优惠的待遇”。第二，增设“电子认证和电子签名”条款，“一方不得仅凭电子形式的签名而否认签名的法律效力”，“一方可以要求，对于某一特定类别的交易，电子签名或者认证方法符合某些性能标准，或由根据法律认可的权

① 贺小勇. 率先建立与国际运行规则相衔接的上海自贸试验区制度体系[J]. 科学发展，2020，136(03)：48.

威机构认证”。换言之，上述“权威机构”不仅包括新片区数据跨境流动监管当局，也包括法律认可的行业协会与第三方机构，通过鼓励行业标准与认证，充分发挥市场自律与第三方监督的作用。第三，引入“计算机设备所在地”条款，“任何一方不得要求受保人在其管辖区域内使用或定位计算机设备，以此作为在该管辖区内开展业务的条件”。第四，补充“源代码条款”，“当某一软件或与之有关的产品在新片区范围内进口、分销、销售或者使用时，其他各方不得要求传输或者访问属于新片区企业的软件源代码，也不得访问源代码中使用的算法”。第五，设定“关税”条款，“任何一方不得就一方人员与另一方人员之间通过电子方式传输的数字产品的进口或者出口或与之相关的进口或出口征收关税、费用或其他费用”。

在参照上述国际通行规则颁布与实施关于数据便捷联通与安全保护的指导意见与暂行条例的基础之上，新片区也应率先试点加强数据流通基础设施的建设，为外商投资电信领域，尤其增值电信业务提供“超 WTO”待遇。

我国加入 WTO 之时，曾承诺对增值电信服务、移动话音、数据服务、国内与国际基础电信业务作一定程度的开放，逐步取消适用的地域限制与数量限制，但仅允许外资通过设立合资企业的方式进入中国市场，且外资比例不得超过 49%或 50%。设定准入门槛与进入标准，以便保护我国通信服务提供者的经济利益与市场地位。

2014 年出台的《中国(上海)自贸试验区进一步对外开放增值电信业务的意见》在原来自贸区总体方案的基础上，明确除了加入 WTO 之时承诺的开放领域之外，进一步试点开放七个增值电信业务领域①：一是在已对 WTO 承诺开放，外资股比不超过 50%的信息服务业务、存储转发类业务、在线数据处理与交易处理业务三项业务的基础上，进一步试点开放这三项业务的外资股比，其中信息服务业务中的应用商店业务、存储转发类业务等两项业务外资股比不设限制；在线数据处理与交易处理业务中的经营类

① 中国(上海)自贸试验区进一步对外开放增值电信业务[EB/OL].(2014-01-06). http://www.gov.cn/gzdt/2014-01/06/content_2560694.htm.

电子商务业务外资股比放宽到55%。二是新增试点开放呼叫中心业务、国内多方通信服务业务、为上网用户提供的互联网接入服务业务、国内互联网虚拟专用网业务四项业务，其中前三项业务外资股比不设限制，国内互联网虚拟专用网业务外资股比不超过50%。申请经营上述电信业务的企业注册地和服务设施须设在试验区内。2015年工信部发布的《关于放开在线数据处理与交易处理业务(经营类电子商务)外资股比限制的通告》更是明确：在全国范围内放开在线数据处理与交易处理业务(经营类电子商务)的外资股比限制，外资持股比例可至100%。

《自贸区投资准入负面清单》进一步明确：“限于中国入世承诺开放的电信业务，增值电信业务的外资股比不超过50%(电子商务、国内多方通信、存储转发类、呼叫中心除外)，基础电信业务须由中方控股(且经营者须为依法设立的专门从事基础电信业务的公司)。”

然而，美国贸易代表办公室每年向国会递交的《中国执行世界贸易组织承诺年度报告》多次指责我国电信行业未能履行入世承诺，其中2016年的报告曾指出，“负面清单在一些对外国投资者重要的领域，如关键服务业……留下了重大的投资限制。特别是在服务业方面，中国对云计算服务、电信服务……重点行业实行禁止或限制。对中国限制电信服务业的描述，也可以理解为对2015年3月《外商投资目录》中承诺的市场准入做法上的倒退”。①

为有效回击美国贸易办公室对我国未能履行加入WTO准入承诺的指责，同时考虑到不少增值电信业务仍有外资股比限制，且外资不愿采用合

① 笔者比较了《中国(上海)自贸试验区进一步对外开放增值电信业务的意见》(此处简称《意见》)、《关于放开在线数据处理与交易处理业务(经营类电子商务)外资股比限制的通告》(此处简称《通告》)与《自由贸易试验区外商投资准入特别管理措施(负面清单)(2020年版)》(此处简称《负面清单》)关于电信业务的规定之后发现：《负面清单》这种关于市场准入限制相比《意见》《通告》有所扩大，例如《意见》《通告》已经放开了应用商店业务与为上网用户提供的互联网接入服务业务外资持股比例限制，但在《负面清单》中未被列入除外事项，即上述两项业务的外资持股比依然不得超过50%。

资方式，因此实际开放效果不大。① 笔者认为，应当在新片区范围内进一步扩大开展增值电信业务的试点。除了在应用商店业务、存储转发类业务、经营类电子商务、呼叫中心业务、国内多方通信服务业务、为上网用户提供的互联网接入服务业务等领域放宽外资控股比，允许其投资比例超过 50%，还可以扩大至其他电信增值业务，例如国内互联网虚拟专用网业务。待时机成熟，允许外商投资方式与经营模式不再局限于合资经营，而是扩大到外商独资；换言之，除了原来允许经营类电子商务的外资持股比例可至 100%之外，在应用商店业务、存储转发类业务、呼叫中心业务、国内多方通信服务业务、为上网用户提供的互联网接入服务业务等领域应同样允许外资持股比例达到 100%。通过降低外资准入门槛，取消外资控股比的限制，拓宽外资投资的领域与范围，从加入 WTO 所作出的允许成立“中外合资”承诺逐步放宽至允许设立“外商独资”企业，在承担“超 WTO”义务之时也有助于充分发挥自贸区新片区发展改革“试验田”的引领作用。

## 二、推动数据跨境流动管理“正面清单+分级分类”制度的进一步落实与深化

当前，我国关于跨境关键技术信息与商业信息流动保护的法律主要有《网络安全法》，该法第 37 条规定，“关键信息基础设施的运营者在中华人民共和国境内运营中收集和产生的个人信息和重要数据应当在境内存储。因业务需要，确需向境外提供的，应当按照国家网信部门会同国务院有关部门制定的办法进行安全评估；法律、行政法规另有规定的，依照其规定”。涉及跨境个人信息流动与保护的法律主要有《个人信息保护法》，该法第 40 条规定：“关键信息基础设施运营者和处理个人信息达到国家网信部门规定数量的个人信息处理者，应当将在中华人民共和国境内收集和产

① 贺小勇. 率先建立与国际运行规则相衔接的上海自贸试验区制度体系[J]. 科学发展，2020，136(03)：48.

生的个人信息存储在境内。确需向境外提供的，应当通过国家网信部门组织的安全评估；法律、行政法规和国家网信部门规定可以不进行安全评估的，从其规定。”对于开展跨境数据与个人信息流通安全评估方面的实施细则主要体现有《信息安全技术数据出境安全评估指南(草案)》《个人信息和重要数据出境安全评估办法(征求意见稿)》等，但上述评估指南与评估办法依然处于征求意见阶段，尚未生效。

总体而言，当前我国《网络安全法》《个人信息保护法》对于跨境数据流动的法律规制并不完善，仅仅涉及关键信息的搜集、存储、处理与传输，并未涉及非关键技术信息、商业数据与个人隐私的管理，更遑论正面清单制度的设计与分级分类管理机制的创建。笔者建议，未来在围绕数据跨境流动保护开展制度设计时，应当建立详细的跨境数据分级分类制度，尽管上述评估办法和评估指南尚未生效，但我国可以在自贸区新片区范围内予以借鉴并率先作出立法尝试，颁布《中国(上海)自贸区试验区新片区个人隐私、商业数据与技术信息出境安全评估办法》。

从数据用途上进行分类，可以将数据分为个人数据与商业数据。对于个人信息跨境流动的法律规制应当遵循《个人信息保护法》中“个人信息跨境提供的规则”，同时借鉴欧盟立法乃至《隐私盾协议》的规定，允许个人数据跨境流向提供与国内同等保护的国家。何谓“同等保护”？只要满足下列任一条件即可：(1)新片区发布的数据跨境自由流动白名单国家；(2)暂时未被列入白名单的国家数据控制者或处理者提供“适当保障”或者遵守适当保障措施条件；(3)跨境数据转移相对方签订了标准格式合同，其中明确了政府获取信息权利约束与公民个人信息受侵害之后的权利救济规定。同时借鉴美国国内立法与《亚太经合组织隐私保护框架》，在新片区设立数据跨境流动监管机构，在对不同类别的企业和互联网应用数据采用不同等级管理措施的基础上，加强数据跨境流动的事中事后执法与监管，确立“数据控制者”标准，对境外由我国数据服务商(在新片区内登记注册的本国企业)控制的数据具有管辖权。

但是商业化数据的跨境流动，鉴于我国《数据安全法》《网络安全法》的相关规定较为原则化与框架化，“因业务需要，确需向境外提供的，应当按照国家网信部门会同国务院有关部门制定的办法进行安全评估”。因此，可以在新片区范围逐步开放商业数据的跨境流动限制，将“正面清单+分级分类”制度实施的范围由原来的智能网联汽车①与车联网领域逐步扩张到云计算、物联网、生物医药、集成电路与总部经济等多个领域，实现“一业一清单”。针对不同行业与不同领域发布不同的跨境数据流通正面清单，待时机成熟之时实行“负面清单+分级分类”制度。换言之，仅仅是设定国家安全与公共利益例外条款，例如规定“关键信息基础设施的运营者在中华人民共和国境内运营中收集和产生的与国家安全、经济发展，以及社会公共利益密切相关的数据，应当在境内存储。因业务需要，确需向境外提供的，应当通过国家网信部门组织的安全评估”。

数据性质上，可以将其分级为重要数据与一般数据。如何区分“重要数据”和“一般数据”？可以借鉴美国国内立法、《信息安全技术数据出境安全评估指南(草案)》《个人信息和重要数据出境安全评估办法(征求意见稿)》等相关规定，将“重要数据”定义为“我国政府、企业、个人在境内收集、产生的不涉及国家秘密，但与国家安全、经济发展以及公共利益密切相关的数据(包括原始数据和衍生数据)”，对于部分关键技术信息与我国公民敏感个人数据等重要数据的出口进行严格限制，要求本地存储；对于一般个人信息和商业数据则允许跨境流动，但要求境外接收方被列入白名单范围、数据保护水平达到与境内同等的程度或者与境内数据提供方签订了标准格式合同等。同时，新片区数据跨境流动监管机构应该出台认定一般数据与重要数据的相关细则，明确“个人信息属性评估要点”“重要数据属性评估要点”“发送方数据出境的技术和管理能力”“数据接收方的安全保护能力”“数据接收方所在国家或区域的政治法律环境”，同时增设附录“重要数据识别指南”“个人信息和重要数据出境安全风险评估方法”，从而全

① 《中国(上海)自由贸易试验区临港新片区智能网联汽车产业专项规划(2020—2025)》提出：组建智能网联汽车数据跨境服务机构，实现安全监管下的技术数据跨境流动，促进国际协同创新。

面提高新片区数据跨境流动监管机构甄别一般信息与重要信息以及评估安全风险的可操作性与可行性。

## 三、落实与完善涉及数字贸易与数据流动知识产权保护的国际合作机制

笔者建议，应当在新片区范围内研究数字贸易开展过程中所产生的知识产权法律问题，在未来《新片区条例》修改之时予以充分落实，尤其是需要满足 RCEP 第十一章“知识产权”制度的标准与要求，“缔约方认识到部分缔约方在知识产权领域的能力存在重大差异”。换言之，在尊重不同国家知识产权保护法律法规之间差异性的基础之上求同存异，在认识到不同缔约国之间发展水平的前提下实行高水平的知识产权保护，“缔约方认识到在互联网上向公众提供的信息可以构成在先技术的一部分”；“缔约国的民事救济和刑事救济应在相同范围内适用于数字环境中侵犯著作权或相关权利以及商标的行为”。

所谓“相同范围”内适用民事救济和刑事救济是指，新片区内适用知识产权法律的对象与前提应当与其他各国充分协商，尽可能保持一致。但考虑到数字环境中开展国际贸易的专业性与技术性，数据跨境流动的领域可能覆盖集成电路、人工智能、生物医药多个领域，跨境流动的对象可能涉及云计算、物联网、5G 电信服务等，应当根据数字贸易的类型与方式分别适用《著作权法》(例如集成电路)、《专利法》(例如人工智能)、《商标法》(例如生物医药)，乃至《反不正当竞争法》、《反垄断法》(例如云计算与相关电信服务)；如果情节恶劣，侵犯国家对知识产权的管理秩序和知识产权所有人的合法权益，可能适用《刑法》。更有甚者，由于数字贸易开展环境的复杂性，可能同时涉及著作、专利、商标乃至商业机密等侵权法律问题，在此情形下，可能适用两部以上法律，例如生物医药领域的侵权案件，既可能是专利权纠纷，也可能是商标权以及商业机密的知识产权纠纷，此时法律的适用乃至定罪量刑问题就更为复杂，各国的立法与司法实践极有可能不一致，进而影响在新片区范围内开展数字贸易的知识产权

保护。

笔者建议，充分落实 RCEP 的总体原则，“确定缔约方之间有针对性的合作领域，以帮助缔约方实施或者加强其电子商务法律框架，例如研究和培训活动、能力建设，以及提供技术支援”。具体而言，新片区可以发布知识产权领域的合作倡议与备忘录，建立跨国数字贸易知识产权保护工作，主要包括发挥公证服务作用，建立健全知识产权跨国保护登记与公证服务机制，实现知识产权管理事前预防、事中监管、事后救济。例如，新片区管委会可以与知识产权局、公证处合作，加强对知识产权保全网络电子证据公证；与知识产权法院、浦东新区法院合作，定期发布一批新片区典型知识产权纠纷案件；与司法局合作，定期开展新片区知识产权纠纷与法律适用的宣讲会，促进对外宣传、业务研究、专题培训等领域的合作，从而在新片区数字贸易开展过程中，尽可能实现国内外知识产权侵权纠纷在立法、司法与执法层面的统一。

# 第八章

# 上海自贸区临港新片区涉及“事权划分”主要政策与法律制度

## 第一节　预期目标与实施情况的比较

自贸区新片区法治保障新举措的实施是一个充满未知与变量的过程，各项法律制度的改革正进入深水区乃至无人区，相比自贸区新片区实体法律制度的创新与改革，程序法律制度构建与完善可能容易被理论界与实务界所忽视，但在司法改革与自贸区发展进程中则十分迫切与重要。其中，自贸区法律事权在中央与地方之间的分配机制不合理以及不明确是自贸区法治化建设的难点，这一方面与自贸区制度改革大多属于中央事权，地方管辖范围有限有关；另一方面是自贸区法律规范的地位、性质与功能不明确所导致的。笔者建议，应当在新片区范围内予以突破。因此，实现央地协同，加强自贸区新片区管理体制的改革与法律机制的完善成为未来新片区法治保障的实质性举措之一。

为此，新片区《总体方案》提出，“加大赋权力度。赋予新片区更大的自主发展、自主改革和自主创新管理权限，在风险可控的前提下授权新片区管理机构自主开展贴近市场的创新业务。新片区的各项改革开放举措，凡涉及调整现行法律或行政法规的，按法定程序经全国人大或国务院统一授权后实施”。

围绕《总体方案》提出的涉及事权划分的具体任务，上海自贸区临港新片区陆续出台了多项试点政策与创新案例，取得了初步的成效。2021 年 8 月，市委领导在市政府新闻发布会上介绍了临港新片区成立两年以来制度创新总体情况，其中涉及事权划分与事权下放领域的主要内容为：“集中行使市、区两级行政事权。在市政府各部门和浦东新区、奉贤区的支持下，完成两批 1170 项行政事权的承接工作，今年新增下放一批事权已基本完成意见征询。截至7月底，行政许可办理8724件、行政确认办理5979件、行政奖励办理171件、行政征收办理99件、行政处罚101件、行政检查741件、其他事项办理749件，总体办件量较下放前增加50%以上。”《若干意见》进一步指出，“滚动出台支持临港新片区自主发展、自主改革、自主创新的政策措施。用好全国人大常委会关于制定浦东新区法规的授权，以及市人大常委会和市政府相关决定，加大法治保障力度”。

对比《总体方案》设定的预期目标与实施情况，不难发现，当前临港新片区在涉及“事权划分”方面的制度探索与规则创新方面依然存在诸多缺失与不足，主要体现在以下几个方面：（1）新片区先行先试类立法尝试较少，创新变通类立法创新力度不足；（2）暂时调整、停止适用的法律数量偏少，负面清单事项有待进一步压缩；（3）涉及事权下放的实质性举措不多，议事协调机制发挥作用欠佳。

## 第二节　主要问题的分析

### 一、新片区先行先试类立法尝试较少，创新变通类立法创新力度不足

所谓的先行先试权是指，地方立法机关通过率先推动、实施具有实验性、突破性与创新性的改革举措，通过渐进式的改革方式，以不断“试错”为代价，探索适合地方经济社会发展的新制度、新方法、新思路，从而在最大限度上降低改革的成本与阻力，避免激进式改革所产生的弊端与风险。从行政法意义上作出剖析，相关行政主体所行使的“先行先试权”主要分为“先行立法权”与“立法变通权”。其中，“先行立法权”是指在上位法尚未规定的情形下，为弥补相关领域的立法空白，地方立法机构可以行使特殊立法权创设规则的权力；而“变通立法权”是指在上位法对相关领域已作出有关规定的前提下，根据时代发展的需要与

国家战略的导向，对上位法在一定范围内作出突破与创新。从法律性质上进行分析，地方立法机关与行政主体行使先行立法权创设的地方性法规属于先行先试类法规，即在不违背相关法律法规总体原则的情况下突破了传统公法层面的“法无授权即禁止”，接近私法意义上的“法无禁止即可为”，从本质上讲，此种立法权属于创制性立法权。而行使变通立法权所创设的地方性法规属于创新变通类法规，在不违背相关法律法规总体原则的情况下享有一定的立法自主权与灵活权，从实质上讲，此种立法权属于变通性立法权。

就当前上海自贸区与新片区行使先行先试权的总体情况而言，无论是上海人大、行政主管部门还是自贸区与新片区管委会，在先行先试类立法尝试与创新变通类立法创新方面的突破性举措较少，创新力度不足。《自贸区条例》第 25 条规定，“在风险可控的前提下，在自贸试验区内创造条件稳步进行人民币资本项目可兑换、金融市场利率市场化、人民币跨境使用和外汇管理改革等方面的先行先试”。新片区《总体方案》也提出，“先行先试金融业对外开放措施，积极落实放宽金融机构外资持股比例、拓宽外资金融机构业务经营范围等措施，支持符合条件的境外投资者依法设立各类金融机构，保障中外资金融机构依法平等经营”。

然而，在笔者调研的基础之上，总结前文对新片区在推动“投资自由”“贸易自由”“资金自由”“运输自由”“人员从业自由”“数据便捷联通”等各个领域实施的各项法治保障措施，不难发现，当前新片区采取的先行先试的立法举措与创新机制适用的领域偏窄，先行先试权的实施广度与实施范围狭小，仅限于金融业开放体系的构建，并未实质性地涉及其他领域。即使在金融体系开放与制度创新方面，先行先试权的实施深度与精度同样严重不足。在推动人民币资本项目可兑换、金融市场利率市场化、人民币跨境使用和外汇管理改革方面，相关改革方案迟迟未能落地，人民币国际化的进程“举步维艰”；在放宽金融机构外资持股比例、拓宽外资金融机构业务经营范围等方面，仅有上海市政府发布的负面清单涉及金融领域的改革与创新，但在外资控股比与经营范围领域的改革力度严重不足；在近期新片区重点关注的“一业一证”改革试点中，缺乏相应的实施细则与法律依据，存在违反上位法的嫌疑。因此，新片区在推动先行先试类与创新变通类的立法进程中尚未取得实质性进展。

相比之下，深圳经济特区与海南自由贸易港在行使地方特殊立法权与先行先试权方面取得了较大进展，未来上海在修改《新片区条例》以及发布地方性法规之时可予以借鉴。

《法治政府蓝皮书：中国法治政府评估报告 2017》曾总结：25 年来，深圳经济特区制定的 220 项法规中，先行先试类总计 105 项，创新变通类总计 57 项，先行先试类和创新变通类法规占制定法规的 73. 63%。在 105 项先行先试类法规中，有 41 项是早于国家法律、行政法规出台的。所制定的特区法规中，有很多是在国家尚无立法先例的情况下，借鉴香港特区及国外成功经验先行先试。例如，深圳率先制定了股份有限公司条例、有限责任公司条例、律师条例、公民无偿献血及血液管理条例、政府采购条例、循环经济促进条例、心理卫生条例等，为国家制定公司法、律师法、献血法、政府采购法、循环经济促进法、精神卫生法等都提供了宝贵的、可复制可推广的经验，为国家建立和完善社会主义法律体系作出了重要贡献；有 64 项是国家尚无法律、行政法规规定的，如控制吸烟条例、改革创新促进条例、保障性住房条例、建筑节能条例、商事登记条例、文明行为促进条例、全民阅读促进条例、医疗条例、质量条例等都是全国首部法规，既填补了国家立法层面的空白，又为兄弟省市的地方立法提供了有效借鉴。

而《海南自由贸易港法》更是授权地方人大有权制定“先行先试类”与“创新变通类”的地方性法规。该法第 10 条规定，“海南省人民代表大会及其常务委员会可以根据本法，结合海南自由贸易港建设的具体情况和实际需要，遵循宪法规定和法律、行政法规的基本原则，就贸易、投资及相关管理活动制定法规，在海南自由贸易港范围内实施。海南自由贸易港法规应当报送全国人民代表大会常务委员会和国务院备案；对法律或者行政法规的规定作变通规定的，应当说明变通的情况和理由。海南自由贸易港法规涉及依法应当由全国人民代表大会及其常务委员会制定法律或者由国务院制定行政法规事项的，应当分别报全国人民代表大会常务委员会或者国务院批准后生效”。

经笔者梳理，《海南自由贸易港法》涉及地方人大实施先行先试立法权的相关规定有3条，分别为：第20条，“海南自由贸易港按照便利、高效、透明的原则，简化办事程序，提高办事效率，优化政务服务，建立市场主体设立便利、经营便利、注销便利等制度，优化破产程序。具体办法由海南省人民代表大会及其常务委员会制定”；第24条，“海南自由贸易港的各类市场主体，在准入许可、经营运营、要素获取、标准制定、优惠政策等方面依法享受平等待遇。具体办法由海南省人民代表大会及其常务委员会制定”；第42条，“海南自由贸易港依法建立安全有序自由便利的数据流动管理制度，依法保护个人、组织与数据有关的权益，有序扩大通信资源和业务开放，扩大数据领域开放，促进以数据为关键要素的数字经济发展。国家支持海南自由贸易港探索实施区域性国际数据跨境流动制度安排”。该法涉及地方人大行使创新变通立法权的相关规定主要有以下3条，分别为：第43条，“海南自由贸易港实施高度自由便利开放的运输政策，建立更加开放的航运制度和船舶管理制度，建设‘中国洋浦港’船籍港，实行特殊的船舶登记制度；放宽空域管制和航路限制，优化航权资源配置，提升运输便利化和服务保障水平”；第45条，“海南自由贸易港建立高效便利的出境入境管理制度，逐步实施更大范围适用免签入境政策，延长免签停留时间，优化出境入境检查管理，提供出境入境通关便利”；第55条，“海南自由贸易港建立健全金融风险防控制度，实施网络安全等级保护制度，建立人员流动风险防控制度，建立传染病和突发公共卫生事件监测预警机制与防控救治机制，保障金融、网络与数据、人员流动和公共卫生等领域的秩序和安全”。

## 二、暂时调整、停止适用的法律数量偏少，“决定”适用范围有待扩大

《立法法》(2023 年)第 16 条规定，“全国人民代表大会及其常务委员会可以根据改革发展的需要，决定就特定事项授权在规定期限和范围内暂时调整或者暂时停止适用法律的部分规定”。因此，全国人大及其常委会可以根据自贸区与新片区改革发展的需要，在满足时空、方式和幅度等诸多限制性要件的前提下，在自贸区与新片区范围内暂时调整或停止适用法律的部分规定。尤其是从立法实践视角进行考察，从 2013 年自贸区方案通过再到 2019 年新片区《总体方案》的实施，自贸区以及新片区的立法模式主要是“摸着石头过河”，自下而上，先实践后总结来进行制度设计，因此，在自贸区特有制度实施之前，原有的一般法律规范尚无法适应新情况新形势，在实践过程中需要予以调整。

当前涉及人大授权国务院在上海自贸区范围内暂时调整与暂时停止法律适用权利的决定主要有：2013 年，全国人大常委会颁布的《关于授权国务院在中国(上海)自由贸易试验区等国务院决定的试验区内暂时停止实施有关法律规定的决定》规定，“取消部分外商投资企业设立及变更审批、允许外商投资拍卖企业从事文物拍卖业务等 12 项开放措施”；《关于授权国务院在中国(上海)自由贸易试验区暂时调整有关法律规定的行政审批的决定》规定，“暂时调整《中华人民共和国外资企业法》、《中华人民共和国中外合资经营企业法》和《中华人民共和国中外合作经营企业法》规定的有关行政审批”；2017 年，国务院颁布的《关于在自由贸易试验区暂时调整有关行政法规、国务院文件和经国务院批准的部门规章规定的决定》规定，“暂时调整《中华人民共和国船舶登记条例》等 11 部行政法规，《国务院办公厅转发国家计委关于城市轨道交通设备国产化实施意见的通知》、《国务院办公厅关于加强城市快速轨道交通建设管理的通知》2 件国务院文件以及《外商投资产业指导目录(2017 年修订)》、《外商投资民用航空业规定》2 件经国务院批准的部门规章的有关规定”；2019 年，上海人大常委会审议通过

的《关于促进和保障浦东新区改革开放再出发实现新时代高质量发展的决定》规定，“在坚持国家法制统一原则的前提下，浦东新区人大常委会可以围绕自贸试验区和科创中心建设等重点工作，依法决定在一定期限在浦东新区暂时调整或者暂时停止适用本市地方性法规的部分规定，报市人大常委会备案”；2021 年全国人大常委会颁布的《关于授权国务院在自由贸易试验区暂时调整适用有关法律规定的决定》规定，“暂时调整适用《中华人民共和国民办教育促进法》、《中华人民共和国会计法》、《中华人民共和国注册会计师法》、《中华人民共和国拍卖法》、《中华人民共和国银行业监督管理法》、《中华人民共和国商业银行法》、《中华人民共和国保险法》的有关规定”。

但问题就在于：上述全国人大、国务院与上海人大发布各项暂停调整与停止适用的决定所调整的领域与范围较小。当前自贸区试点方案提出在电信、保险、证券、科研和技术服务、教育、卫生等重点领域加大对外开放力度，放宽注册资本、投资方式等限制，促进各类市场主体公平竞争。然而，上述领域之中不少事项的行政审批属于中央事权的范围。虽然《关于授权国务院在中国(上海)自由贸易试验区等国务院决定的试验区内暂时停止实施有关法律规定的决定》和《全国人民代表大会常务委员会关于授权国务院在自由贸易试验区暂时调整适用有关法律规定的决定》对保险、教育与银行投资准入已经放宽了限制性条件，调整实施方式改为直接取消审批或者审批改为备案等，但是对于电信、证券、卫生等相关领域依然适用原有的法律法规，如何放宽注册资本与投资方式的限制依然要受制于原有规定，需要进行审批。此种程序性规定的不足与不完整导致自贸区与新片区在加强制度创新以及加大开放力度上大打折扣，此种分配标准的不统一与不明确容易引起试点方案的实施效果流于形式，进而导致中央与地方立法在发挥调整自贸区与新片区相关领域的功能之时存在区隔性与差异性，难以有效指导自贸区新片区的改革实践。

与之类似的还有国务院颁布的《关于在自由贸易试验区暂时调整有关行政法规、国务院文件和经国务院批准的部门规章规定的决定》，该决定也仅仅在船舶登记、印刷业管理、民用航空、认证认可、娱乐场所管理、旅游、直销、银行与营业性演出等领域降低其准入门槛，调整实施的方式改为暂时停止实施相关内容，允许外商在符合国务院商务主管部门相关管理办法的前提下以合资或独资的方式投资相关产业。但对于新片区重点发展与聚焦的集成电路、人工智能、生物医药、新能源汽车、民用航空与总部经济等关键领域尚未暂时调整与暂时暂停原有法律法规的适用。换言之，上述先导产业、新兴产业与支撑产业的准入与审批依然要受原有法律约束，外资不得在未经审批的前提下以独资或合资的形式投资上述产业。因此，从全国人大、国务院与上海人大发布的各项暂时调整与暂停适用的决定上进行分析，上述决定的适用范围依然较小，尤其是缺乏专门适用于新片区、具有新片区发展特色的暂时调整与暂停适用相关法律法规的决定。

## 三、涉及事权下放的实质性举措不多，议事协调机制发挥作用欠佳

涉及自贸区与新片区改革的事权主要分为两种类型，一种为立法事权，另一种为执法事权。对于立法事权的下放涉及先行先试类与创新变通类立法尝试，此种事权下放牵涉范围较广，改革路径与程序相对复杂，需要对现有的法律法规作出一定的修改与调整，乃至突破；并且，诸多事项的处理依然需要中央部委的配合与协调，单凭地方立法可能存在立法上的风险与不确定性，尤其在缺乏法律明确授权的情况下出台的地方性法规、政府规章与规范性文件存在违背上位法原则、突破“法无授权即禁止”法理的现实可能性。鉴于上文已经对新片区立法事权的改革(浦东新区法规的落地)作出了较为详细的分析，在此不作进一步延伸与拓展，该节主要对执法事权与行政管理职能的下放展开论述。

就目前而言，上海自贸区新片区相关的事权下放主要涉及地方各级部门之间事权的转移。2020 年，上海市人民政府相继发布了《关于由中国(上海)自由贸易试验区临港新片区管理委员会集中行使一批行政审批和行政

处罚等事项的决定》(沪府规〔2020〕2号)与《关于由中国(上海)自由贸易试验区临港新片区管理委员会再集中行使一批行政审批和行政处罚等事项的决定》(沪府规〔2020〕18号),临港新片区管委会已分两批承接市、区两级行政审批和行政处罚等相关事权共1170项。这些事权涵盖投资建设、规划资源、生态环境、交通运输、金融贸易、科技创新、知识产权、人才服务、绿化市容、水务海洋、文化旅游、应急管理等20多个领域。通过不断深化"放管服"改革,进一步优化新片区法治营商环境。

除此以外,为推动临港新片区海事业务"区内事、区内办",上海海事局在2020年公布了上海海事局向洋山港海事局下放及调整36项行政执法事权的决定,其中包含"沿海水域划定安全作业区审批""海员证核发""大型设施、移动式平台、超限物体水上拖带审批""水上水下活动许可"等行政许可;"船舶所有权登记""光船租赁登记""船员培训合格证签发"等行政确认;"船舶污染物的接收和处理情况备案""船舶所有人、经营人或者管理人防治船舶及其有关作业活动污染海洋环境应急预案备案"等行政备案以及其他行政权力。其中,事权下放的重点主要是逐步推进"中国洋山港"籍国际船舶登记工作,争取海员外派机构改革政策在新片区先行试点,在航运公司安全管理体系审核方面逐步推行"证照分离",便利新片区内的港航单位和船员就近办理相关的证书和申报手续等。

然而,对上述1000多项下放的事项进行逐条解读,不难发现,虽然区市两级下放给新片区事权的数量不少,但无论是第一批还是第二批下放事权名录之中涉及实质性审批权或处罚权下放的事项并不多,尤其是围绕新片区重点发展产业(集成电路、人工智能、生物医药、新能源汽车、民用航空)以及金融贸易、海上运输等领域下放的权限较少。例如,在第二批下放事权目录之中,市地方金融监管局仅仅下放"融资租赁公司的日常监管"与"商业保理公司的日常监管"这两项行政检查权,以及"融资租赁公司设立和重大事项变更""商业保理公司设立和重大事项变更""融资租赁公司的风险处置""商业保理公司的风险处置"这四种其他类别的事项,并未涉及行政审批权与行政许可权的下放。

又例如，市交通委仅仅下放了“港口经营许可”“在港口采掘、爆破施工作业审批”“经营国内水路运输业务审批”“经营国内船舶管理业务审批”等行政审批权以及“对违反国内水路运输管理行为的处罚”“对违反港口管理行为的处罚”“对违反国内水路运输辅助业管理行为的处罚”“对违反港口危险货物安全管理行为的处罚”等行政处罚权，但并未涉及“对航运公司违反安全与防污染管理行为的处罚”“船舶安全检验证书核发”“船舶国籍证书签发”“对违反船舶检验管理行为的处罚”“对违反船舶登记管理行为的处罚”“对违反船舶安全检查管理行为的处罚”“对船舶违反水污染防治管理行为的处罚”“船舶安全监督检查以及经营国内船舶代理”“水路旅客运输代理、水路货物运输代理业务备案”等一系列重要审批、处罚、备案、检查与核准等事项。另外，近期新片区重点关注的“一业一证”审批改革还涉及新片区管委会与市监管总局之间的事权划分。

最为重要的是，上述事权下放的举措仅仅涉及地方政府内部职能部门之间事权的下放，即区市两级集中行使的行政审批权与行政处罚权下放，但并未涉及央地事权之间的转移与下放事项。概言之，新片区尚未承接国务院行政主管部门下放的中央事权。例如，新片区《总体方案》中提及将探索浦东机场与“一带一路”沿线国之间第五航权的开放，涉及上海市政府与民航总局之间事权的划分；新片区管委会重点关注的洋山港特殊综合保税区的围网分类分级管理以及海关主分区制度的建设，涉及新片区管委会与海关总署之间事权的划分；洋山港船舶岸电推广与保税燃料供应的补贴机制，涉及上港集团与交通运输部、发改委与国家能源局之间事权的划分；智能码头建设标准的构建以及 LNG 船舶的普及、老龄船的淘汰与低硫油的使用，涉及上海市政府、交通运输部、自然资源部与生态环境部之间事权的划分。笔者认为，这其中固然存在部分政府主管部门出于维护部门职权与机构利益的考虑，不愿轻易下放审批权与处罚权的因素，但归根到底，根本原因不外乎如下两点：第一，在制度设计方面，与央地事权在自贸区与新片区领域的分配缺乏顶层设计与路径规划有关；第二，在机构设置方面，与缺乏相应的议事协调机制有关。尽管政府当局始终强调要深化自贸区新片区制度创新，相关主管部门与各级政府也相当重视，但由于事权分配机制的不足与议事协调机制的缺乏制约与拖延了自贸区新片区法治化建设的进程，致使新片区在金融、投资、贸易与航运等重要领域的改革措施迟迟无法落地，最终导致自贸区法治化进程始终相对平缓。因此，对于自贸区范围内央地事权的下放应当引入法律法规予以规范，用法治路径逐步将自贸区新片区的法治建设引入正轨，从而不至于让此项涉及事权下放的改革流于形式。

## 第三节 对策建议的提出

### 一、落实先行先试立法尝试举措，加强创新变通类立法创新力度

笔者建议，应采取具有实验性、局部性与突破性等特征的渐进式的先行先试立法模式，而不是实施“一揽子”激进式的改革模式。由于新片区先行先试权的行使涉及央地事权的划分，对于哪些事项，中央应允许地方开展先行先试的立法尝试；对于哪些事项，允许地方开展创新变通的立法尝试；对于哪些事项，不允许地方立法机关行使先行先试权，涉及政府、企业、社会等各个利益群体，立法机关应当尤其慎重，在充分调研的基础之上反复论证。

考虑到新片区开展先行先试的制度创新是一项复杂的系统工程，需要对现行法律法规作出突破与变通，各种纷繁复杂的干扰因素与瞬息万变的社会影响牵涉其中，在立法或修法过程中，单纯依靠立法者的个人理性很难对所有的变量进行全面的搜集、分析与评估并在此基础上作出正确决策。因此，试图以“全面理性”的激进式改革彻底解决所有问题，最终往往以失败告终。相比之下，如果新片区实施渐进式改革路线，采取温和的改革方式，注重“微调”的特点就能有效解决激进式改革的致命缺陷。

显而易见的是，渐进式立法的思路是基于风险可控这一基本出发点的。与“一揽子”的激进式改革相比，其最大优点在于一旦在开展先行先试试点过程中的某个环节或某个领域出现差池，立法者与改革者可以将改革失败的风险控制在有限范围内，不至于因改革产生无法挽回的影响。因此，采用先易后难、逐步推进的改革模式，成为新片区先行先试权试点的最优选择。这一改革策略不仅决定了改革最初会选取成本低、风险小且收益高的领域作为战略突破口，而且还决定了改革的具体推进方式，即首先小范围试验与试错，然后再大规模推广并最终实现过渡。具体而言，新片区先行先试权的行使应当强调“以点带面”，在投资、贸易、金融、运输、就业与数据流动等个别领域率先实现体制机制的突破与创新，之后视情况而定，逐步将其推广至所有领域。

从行使先行先试权的主体角度出发，中央政府与全国人大不应是改革“试错”的先行者，符合上述渐进式改革思路与发展方向的行政主体与立法机关只有对特定地域享有治理管辖权力的地方政府与特殊立法权的地方人大。改革开放以来多年的立法实践也印证了这一点。几乎所有意义重大的改革举措与制度创新的出台都是首先由地方政府提出并试验的，在改革的制度创新中扮演了最主要的角色，在试验成功并证明具有普遍性与可行性后再借助中央政府的力量予以推广，并最终通过法律制度的修改获得其合法性的地位。作为开展先行先试政策试点的前沿阵地与制度创新的试验田，上海自贸区新片区更应如此。上海市政府与地方人大应当以新片区《总体方案》的颁布为契机，推动适用于新片区的先行先试类与创新变通类制度的颁布与实施。在上位法尚未规定的领域、在特定事项方面作出率先立法尝试与制度创新；在上位法作出相关规定的领域，根据新片区发展总体要求的指引，在适用范围、投资主体、限制条件与审批程序等方面作出放宽、变通与简化。

然而，相比深圳经济特区与海南自贸港，上海缺少中央赋予的特殊立法权，无法为创设先行先试类与创新变通类法规提供必要的政策条件与发展环境；换言之，新片区先行先试权的行使缺乏明确的法律依据。尽管新片区《总体方案》与相关政策性文件之中多次提及“先行先试”等措辞与表述，但上海在制定涉及新片区的地方性法规、政府规章乃至政策性文件之时，依然要在获得中央授权与许可的前提下、在现有法律框架下开展立法工作，这难免束手束脚，严重影响了立法的效率性与时效性，既不利于提升新片区政策法规对于市场发展需要的响应能力，也不利于提高新片区对于先导产业、新兴产业与支撑产业发展的保障能力；尤其是法律体系尚不完善的缘故，当中央立法还付之阙如时，地方却迫切需要通过立法对某一社会关系予以规范。

如前文所言，笔者建议，应充分利用全国人大常委会授权上海在浦东新区变通适用国家法律、行政法规与部门规章的契机，将浦东新区法规尽可能适用于新片区全域范围，适时考虑将自贸区新片区现有的政策法规与制度规范转化与上升为浦东新区法规，持续推进自贸区高水平制度型开放，对于地处浦东新区的新片区区域理应适用，对于地处奉贤区的新片区区域也应参照适用。在立法路径层面，上海人大可以根据新片区法治创新改革的需要，在广泛征求社会公众与行业部门意见的基础之上开立正反两份立法项目清单，分别从促进措施与限制手段两方面出发：一份是“在自贸区新片区先行先试并提供法治保障的立法项目清单”（先行先试类立法清单），例如生物医药、集成电路、人工智能与无人驾驶汽车的保税研发等；另一份是“不适应自贸区新片区改革创新实践需要的法律、行政法规、部门规章等进行变通实施的立法项目清单”（创新变通类立法清单），例如滴水湖的生态环境保护以及氢能的生产、加注与使用等，均须对当前环境保护的强制性标准作出一定的突破，从性质上将其转换为推荐性标准。因而，为实现新片区“五自由一便利”的发展目标与战略需要，应结合新片区的重点发展领域与产业出台具有国际竞争力的开放性制度体系。

## 二、提升暂时调整、停止适用的法律数量，进一步扩大“决定”适用范围

笔者建议，要提升暂时调整、停止适用的法律的数量，进一步扩大

“决定”适用范围，应充分认识到所谓的“暂时调整”与“停止适用”在本质上就是对当前法律的一种临时性修改。尽管上述决定未作如此表述，但是此种做法已经构成对现行法律的一种变动，是否最终转换为法律文本或者固化为法律法规还要根据具体实施情况而定。从某种意义上讲，此种具有探索性质的修法行为遵循了立法应遵循的“及时性原则”，甚至更为超前与积极。所谓的“及时性原则”是指法律的修改应符合市场需要与社会发展的趋势，对明显与当前社会生活的法律关系与法律纠纷不相适应的法律法规作出及时回应与调整。全国人大、国务院与地方人大颁布暂时调整与暂时停止法律适用决定之时，鉴于自贸区新片区刚建成不久，相关法律纠纷与社会问题尚未充分暴露与集中显现，相关法律修改的必要性尚不明确；更多的是基于对人之理性和经验有限性的确信以及自贸区宏观战略发展的需要，为尽早使自贸区与新片区法律臻于“良法”而提前采取的一种“试错”性质的检验措施。

目前，上述的决定仅仅是一个带有时间限制与地域限制的临时方案，后续应如何处理在短期内尚无定论；从长远的角度作出分析，自贸区新片区相关领域的改革是否会转化为法律法规尚未明确。换言之，实践证明可行的，应当修改完善有关法律；实践证明不宜调整的，应恢复施行有关法律规定。即该决定内容根据自贸区改革开放措施的试验情况适时进行调整。更何况上述决定的适用范围是局部性的实验措施，仅限于自贸区与新片区范围内，即使被实践证明不宜调整与停止适用，原有法律再恢复施行也不会在全国范围内造成较大的影响与混乱，不会对法律的稳定性和权威性造成较大的冲击，符合法律修改的另一项重要原则——“审慎性原则”。

因此，笔者建议，应充分落实十九大报告中“大胆闯、大胆试、主动干”的精神，提升“暂时调整”“停止适用”法律的数量，进一步扩大“决定”适用范围。具体而言，应大胆尝试、积极推动“暂时调整”与“停止适用”这种具有临时性、试错性与局部性特征的特殊立法权。

对于属于中央立法事权的事项与领域，应根据改革需要，及时梳理出一批需要提请全国人大、国务院暂时调整或者停止适用的法律法规目录清单，并积极争取全国人大常委会授权上海人大与市政府特殊立法权，就自贸区与新片区重大改革事项开展先行先试的立法，在形成"暂停调整、停止适用"决定权与"先行先试权"这两种特殊立法权紧密衔接的同时，也为全国其他自贸区的制度改革与发展创造更多的经验。对于属于地方立法事权的事项与领域，应充分利用2019年上海市人大常委会颁布的《关于促进和保障浦东新区改革开放再出发实现新时代高质量发展的决定》赋予浦东新区人大常委会"特殊立法权"，即于一定期限内在浦东新区(包括新片区)暂时调整或者暂时停止适用上海市地方性法规的部分规定。

笔者进一步建议，暂停调整与停止适用的领域主要集中于当前自贸区总体方案中提及的重要开放行业，在电信、保险、证券、科研和技术服务、教育、卫生等重点领域开放注册资本、投资方式等限制，以及新片区《总体方案》中强调的重点发展领域，在集成电路、人工智能、生物医药、新能源汽车、民用航空与总部经济等关键领域取消外资进入部分领域的准入与审批限制，取消审批制或者将审批制改为备案制等。具体修改措施与修改理由在前文相关章节中已作出了详细阐述，例如可以尝试在新片区范围内暂停适用《义务教育法》，将中外合作办学的领域拓展至小学与初中义务教育阶段，但中方持股比例不得低于50%，或者在中方控股比例低于50%的情况下，由中方主导办学；同时在学校管理与经营章程中明确理事会、董事会或者联合管理委员会的中方组成人员不得少于1/2。又例如，建议在新片区范围内暂停《外汇管理条例》《证券法》《票据法》等相关法律法规的适用，在未来《新片区条例》的修改以及相关实施细则发布之时，重点放宽原有资本市场证券项下子项目的准入门槛。受篇幅所限，在此不再一一列举。

### 三、落实涉及事权下放的实质性举措，实现议事协调机制的协同功能

受行政部门垂直管理体制的影响，新片区在处理诸多行政管理事务之

时，权利严重受限，尤其是在上位法已经明确规定该权利属于中央事权范畴的情况下。鉴于各地政府的利益诉求与发展方向有所差异，单凭某一地方政府的力量主导推动法律作出修改显然并不现实，而针对该特定地区专门出台一部法律也并不可行。所以，重新分配央地事权，将原本属于中央事权范畴的事权下放，这样有助于优化新片区法治营商环境，推进“简政放权”与“放管服”改革。然而，受中央宏观调控与利益固化等因素的影响，事权下放往往面临诸多阻力与困境。因此，在改革进程中要“由易到难”逐步推进事权分配机制的改革，在重要领域事权改革与重大审批事权下放之时，更应有“壮士断腕”的勇气，落实更多实质性的举措。

2018 年以来，国务院办公厅陆续发布了《关于印发医疗卫生领域中央与地方财政事权和支出责任划分改革方案的通知》《教育领域中央与地方财政事权和支出责任划分改革方案的通知》《交通运输领域中央与地方财政事权和支出责任划分改革方案的通知》《科技领域中央与地方财政事权和支出责任划分改革方案的通知》等一系列事权分配与授权机制，然而上述通知仅仅涉及医疗、教育、交通与科技领域的财政事权与支出责任之间的分配，并未涉及行政审批权、检查权与处罚权的分配，事权改革的规范化尚有较长的道路要走。因此，当前涉及央地事权分配不是基于法律规定的分权模式，而是基于非法治化的行政性放权和授权机制，央地事权分配机制缺乏明确的法律依据。换言之，对于地方的授权也可能被中央的一纸“政令”随时收回。在此期间，主动权一直掌握在中央手里，地方政府一般只能被动接受。在没有法律的稳定性以及可预见性保障的情况下，基于一时一地政策的事权关系调整只能带来不确定性。

海南省也于同年开始加强探索央地事权划分的制度创新，具体落实涉及事权下放的实质性举措。中共中央、国务院《关于支持海南全面深化改革开放的指导意见》明确，“中央有关部门根据海南省建设自由贸易试验区、探索实行符合海南发展定位的自由贸易港政策需要，及时向海南省下放相关管理权限，给予充分的改革自主权”。《海南自由贸易港法》第 17 条也规定，“国家支持海南自由贸易港建设发展，支持海南省依照中央要求和法律规定行使改革自主权。国务院及其有关部门根据海南自由贸易港建设的实际需要，及时依法授权或者委托海南省人民政府及其有关部门行使相关管理职权”。该法的相关规定甚至涉及中央立法事权的下放，在贸易、投资及相关管理活动制定法规等涉及中央立法事权的领域，在提出原则要求的同时，一方面，尽量在《海南自贸港法》中作出具体规定，或者授权由国务院有关部门和海南省制定具体办法；另一方面，也授权海南省人大及其常委会制定海南自贸港法规。

中共中央办公厅、国务院办公厅印发的《深圳建设中国特色社会主义先行示范区综合改革试点实施方案(2020—2025年)》同样强调，“2020年，在要素市场化配置、营商环境优化、城市空间统筹利用等重要领域推出一批重大改革措施，制定实施首批综合授权事项清单，推动试点开好局、起好步”，“支持深圳结合实际率先开展相关试点试验示范，实施重大改革举措。国家发展改革委同有关方面分批次研究制定授权事项清单，按照批量授权方式，按程序报批后推进实施。有关方面要按照本方案要求和经批准的事项清单，依法依规赋予深圳相关管理权限”。因此，在要素市场化配置、营商环境优化、城市空间统筹利用等重要领域，中央以批量授权清单的方式赋予深圳先行示范区相应的管理权限与执法权能。

笔者建议，对于自贸区新片区事权改革应当从以下两方面入手。

一方面，应当借鉴海南自贸港与深圳先行示范区的经验在新片区范围内试点清单批量授权。在充分考虑新片区管委会承接能力与新片区经济发展水平的基础之上，适时通过发布批量授权清单的方式避免“一事一议”所产生的制度风险与不确定性，尤其是央地事权的划分，现在涉及新片区事权下放的范围与事项仅限于上海市区两级主管部门与新片区管委会之间的事权划分，并未涉及关于新片区央地事权划分的制度改革。具体而言，在未来《新片区条例》修改之时，通过集成性的放权授权为上海市人民政府及其新片区管委会留下了充足的执法与管理权限，避免自贸区法规在执行层面因垂直管理而流于形式，而事权下放的重点应当放在新片区重点发展与聚焦的集成电路、人工智能、生物医药、新能源汽车、民用航空等相关领域准入的审批权，金融、贸易外资机构投资的核准权，以及跨境金融所涉及的货币自由流动监管权等重大事项。待将来时机成熟之时，推动中央在未来修改《地方组织法》时确认与实施涉及自贸区与新片区之间的央地行政事权划分，尤其是行政审批权与行政处罚权的下放，确保自贸区与新片区央地事权划分的框架和结构日趋明确，责任分配也更加规范和量化。

另一方面，在上海市政府职能机构中设立自贸区与新片区议事协调机构，发挥“承上启下”的协调作用，完善新片区管委会与上海市政府以及上海市政府与中央部委之间双向沟通的对接与协调机制。根据上海航运、金融、贸易、投资等业态基础与实际需求，主动争取中央的支持与授权，同时尽可能将一些职权下放给自贸区管理机构，允许下属各行政部门在自贸区新片区内开展综合业务，管理机构也可以行使一些政府授权的行政处罚和行政审批权限。但涉及新片区事权下放的根本目的与本质属性还在于为企业创造良好的营商环境与法治环境。因此，在制度设计与发布之前，应开展定期调研与反复论证，建议健全与完善政企联席会议机制，定期召开自贸区新片区优化营商环境征求意见座谈会，积极听取企业的意见与建议；充分尊重市场的客观规律，避免在事权下放清单设计之时“闭门造车”，在召开政策设计论证会之时，不仅应吸引政府部门与学术界专家参与，也应邀请大中小型企业代表出席；在广泛征求新片区相关企业意见，尤其是那些从事先导产业、新兴产业与支柱产业的重点企业，组织有关专家开展综合论证与评估的基础之上，在金融、贸易与航运等重点领域，对于涉及新片区行政审批、行政检查与行政处罚的事权划分作出明确规定。具体而言，应就市政府向新片区下放事权的范围与程度，以及市政府向中央争取的行政管理权事项及时作出梳理与总结，分别开具两份清单：一份清单为市政府向新片区下放事权的目录，在当前已经发布的两份事权下放清单(沪府规[2020]2号与沪府规[2020]18号)的基础之上，进一步更新与拓展事权下放范围(例如中方投资额3亿美元以下境外投资项目备案)；另一份为市政府向中央争取涉及自贸区新片区事权下放的目录，对于该目录的实施效果与实施期限，应当在综合评估与辩证分析的基础上作出明智的选择与合理的预判，并且完善政策后评估机制，中央对于不适合在新片区行使以及不符合新片区发展需要与监管要求的事权可及时收回，从而在新片区进一步推行“放管服”改革，简化办理流程。

本书是上海市人民政府决策咨询研究政府法治专项课题(2021-Z-B04)的研究成果，获得了上海海事大学马克思主义海洋文明与中国道路研究中心的部分资助。